KB133307

난 여전히 도망치는 중

난 여전히 도망치는 중

내성적인 사람들의 말 못할 본심

오휘명 지음

차 례

006 **프롤로그** | 나는 매일 도망치는 사람이에요

1장/

나는 매일 도망치는 중입니다

018 텔레비전부터 틉니다
024 먹고 사는 일
029 의식주에도 모험이 있습니다
033 주춤거림이 아닌 신중함
036 도망치는 사람의 첫 번째 특징 : **모험을 두려워 합니다**

037 북적북적 공포증
045 드라마의 주인공처럼
048 관계만큼은 '소소익선'
051 웬만해선 그를 지루하게 할 수 없다
053 도망치는 사람의 두 번째 특징 : **익숙하고 느린 걸 좋아합니다**

054 호불호가 명확한 편입니다
058 반 인스턴트 주의자
061 화가 나는 건 맞는데 왜 눈물도 나오지?
064 나만 불편하고 말죠
068 울고 싶을 때 울고 싶다
073 을의 연애
079 도망치는 사람의 세 번째 특징 : **나를 드러내는 걸 싫어합니다**

080 자주 혼자다 보니까
083 나도 대화에 끼워 줘!
087 계절 타나 봐
091 혼자는 은근히 재미있다
095 도망치는 사람의 네 번째 특징 :
혼자 있는 걸 즐기지만 때때로 외롭습니다

096 잠 못 이루는 밤
100 사람 하나 제대로 못 만나고
103 바보로 보일까 봐서요
106 태풍을 기다리며
109 도망치는 사람의 다섯 번째 특징 : **걱정이 많습니다**

2장/
도망치는 사람들에 대해서

116 **인터뷰 1** | 어느 아이돌 연습생의 고백
: 버티고 이겨내는 게 정답이라고 생각했어요
130 **인터뷰 2** | 연약한 마음을 가진 남자 이야기
: 나를 위한다는 말로 내게 상처 주지 말아요
146 **인터뷰 3** | 도망치고 나서야 비로소 나를 마주했어요
: 늘 3인칭 시점으로만 살아왔어요
158 **인터뷰 4** | 나는 생각보다 훨씬 단단하다
: 도망치고 싶지만 해야 할 말은 하고 싶어요

3장/
나는 앞으로도 도망칠 계획입니다

175 스스로 자책하지 않기로 했습니다
178 애써 노력한다고 행복해지지는 않을 것 같습니다
182 도망치는 건 부끄럽지만 확실히 도움이 됩니다
185 도망치는 삶에 대해

188 **에필로그** | 우리는 모두 개복치로 태어났으니까

나는 매일 도망치는 사람이에요

저는 굉장히 자주, 아니, 어쩌면 매일매일 도망치는 사람입니다. 해결해야 할 일이 있다거나, 어느 기한까지 보내 줘야 할 원고가 있다거나, 조금 불편한 약속이 잡혔을 때, 심지어 애인을 만날 때나 절친한 친구들로부터 연락이 왔을 때도 일단은 여러모로 도망치고 봤습니다.

해야 할 일이 있더라도 일단 잠시라도 미루고 부정하고 모르는 척을 합니다. (물론 그 뒤로는 체념하고 해결하려 아등바등하지만) 몇 번 고생해봤으면 안 그럴 법도 한데, 매번 마감 직전까지 집필을 미루다 '불꽃 밤샘'으로 스스로 몰아붙입니다.

불편한 약속이 잡힐 땐 그 약속이 어떻게든 잡힐 것을 알면서도 '일단 그날 일정이 있는지 볼게.' 따위의 말로 본의 아니게 도도한 척을 하지요. 가까운 사람들로부터 온 전화도 때에 따라 받지 않거나 몇 번쯤 숨을 고르고 받곤 합니다.

마음이 많이 젖은 날이 있었습니다. 그날은 참다가 참다가, 그 참아왔고 그래서 썩어버린 마음 하나가 터져버린 날이었지요. 누군가 나의 마음을 가지고 놀고 있다는 걸 사실은 꽤 오래전부터 알고 있었지만, 아닐 거라고 외면하고 진실로부터 억지로 도망치고 있던 와중이었습니다. '내가 아닌 다른 삶도 함께 만나고 있지?', '바람을 피우고 있지?' 그 말들을 입 밖으로 꺼내버리면, 마치 판도라의 상자가 열렸을 때처럼 무시무시한 일이 벌어질 것만 같았거든요. 하지만 그날만큼은 나도 도망칠 수만은 없는 마음이었던 것 같습니다. 고양이로부터 자꾸만 도망치던 쥐가 이빨을 드러내는 심정, 밟힌 지렁이가 꿈틀하는 심정이 그 마음과 비슷했을까요?

"다른 사람 만나고 있지? 그 사람은 어떤 사람인데?"

꼴사나울 정도로 술에 취해서야 던질 수 있었던 질문이었는데, 돌아오는 대답은 아주 심플했습니다.

"좋은 사람이야."

아, 이렇게 간단하고 명료한 대답이 돌아올 줄 알았다면, 아주 오래전 이 사실을 알아챘을 때 바로 물어볼 것을, 저는 아주 오랜만에 저 자신이 미워져서 참을 수가 없었습니다. 그 이후로는 사실 기억이 아주 명확하지만은 않지만, 몇 번쯤 넘어지고 나를 부축해 주려 하는 그 사람의 손을 뿌리쳐 가며 어딘가로, 필사적으로 추위를 피할 수 있는 어딘가로 달렸던 것 같습니다.

도망치는 길에는 멋진 사람과 멋진 것, 멋진 장소들을 많이 봤습니다. 신기하게도 그렇게 절망적이고 초라한 와중에 그런 것들이 눈에 쏙쏙 잘 들어왔습니다. 가슴을 쫙 펴고, 넓은 어깨와 당당한 표정으로 걷는 남자들. 호탕하게 웃는 무리. 원색적으로 존재감을 뽐내고 있는 간판들……. 그래요 어쩌면, 그것들은 내가 갖지 못한 색과 태도들을 지니고 있기에 그렇게도 내 눈에 확실하게 들어와 박힌 것이겠지요.

나는 어깨가 앞으로 동그랗게 말린 사람. 가슴을 일부러 접고 다니는 사람. 표정이 당당하지 못한 사람. 호탕하지 못하고 색도 밋밋한 사람. 도망치는 사람. 도망친 곳에서도 다시 도망치는 사람. '내성적'이라는 말이 가장 잘 어울리는 사람이구나, 그런 생각이 추위와 함께 엄습해왔고, 저는 기절할 것만 같은 정신을 부여잡고 필사적으로 바람 없는 곳을 찾았습니다.

다음 날 아침, 눈을 뜨니 보이는 것은 익숙한 조명이었습니다. 당시에 동료 작가들과 조그만 카페를 운영하고 있었는데, 용케도 그 가게를 찾은 거죠. 죽지는 않았구나. 저는 안도 비슷한 감정을 느끼며 주머니 속 전화기를 꺼내 열어보았습니다.

부재중 통화 10통. 메시지 1통.

모두 어젯밤 저와 최후의 인사를 나눈, '그 사람'으로부터 온 것들이었습니다. 그래도 걱정은 됐는지 말이에요. 메시지 내용은 어젯밤의 목소리처럼 간결했습니다.

"어디야?"

저는 네 시간 전에 도착한 메시지를 읽고 나서 또 삼십 분 정도를 도망쳤다가, 겨우겨우 소심한 답장 하나를 보낼 수 있었습니다.

"가게."

그 뒤로 우리 둘 사이에 대화는 영영 없었습니다. 그렇게 평소처럼 해는 제때 떠올랐고, 저의 하루는 시작됐습니다. 생각해 보니 그날은 마침 제가 가게 일을 보는 날이어서, 대충 세수를 하고는 바 테이블과 에스프레소 머신 정리를 했습니다. 입간판을 내놓고 잠긴 문을 열어두었습니다. 어김없이 하루가 시작됐던 겁니다.

하지만 어떻게 예전과 같이 하루를 보낼 수 있을까요, 저는 끝없이 문제의 원인을 저로부터 찾을 수밖에 없었습니다. 지금 생각해보면 제게 못된 짓을 한 건 그 사람이고, 문제의 원인을 저 자신으로부터 찾을 필요가 없었던 것 같기도 하지만, 그땐 그랬습니다. 나는 왜 진실을 외면하려 해서. 나는 왜 솔직하게 물어볼 수도 있는 것을 물어보지 않아서. 나는 왜 내성적이어서.

처음에는 '그래도 나는 아주 내성적인 사람은 아닐 거야.' 하고 현실을 부정했습니다. 제 주변에는 겉보기에 저보다도 내성적으로 보이는 사람이 적지 않았거든요. 혼자서는 분식집에조차 가지 못하거나 모르는 사람과는 말 한마디도 못 섞는 친구들. 저와 비슷한 그런 사람들 말이죠. 비겁하지만, 저는 그런 친구들을 떠올리며 나는 내성적이지 않다고 그렇게 자위하려 노력했습니다. 그런 노력에도 불구하고 나는 내성적이지 않은 사람인가? 그렇게 스스로 질문해보자니 또 그건 절대 아니었습니다. '결국 나는 내성적인 사람이구나.' 그런 생각을 할 때쯤엔 저는 현실을 부정하는 것을 넘어서서 분노하고 있었습니다.

'나는 왜 이따위지?'

밤 열 시, 영업을 마치고 집으로 가는 버스에 실려 갈 때쯤에 저는 이미 모든 걸 체념한 뒤였습니다. 나는 글러 먹은 사람이야, 나는 잘못 만들어진 사람이야…….

그날 이후로 제 몸 안에서는 작은 변화가 일어났습니다. 바로 내가 내성적인 사람이라는 것을 인정하게 된 것인데요, 그것만으로도 어느 정도는 마음이 편해지는 효과가 있었습니다. 그리고 무엇보다도 나와 내 주변을 둘러싸고 있는 세상을 조금 더 있는 그대로 바라볼 수 있었습니다.

저는 자주 '굳이'와 관련된 일을 사람입니다. 굳이 궁금해하지 않아도 될 길고양이랄지 버려진 폐건물들의 입장이 괜히 궁금해서, 굳이 연구하고 굳이 그들을 주인공으로 소설을 써보는 사람입니다. 남들은 무심히 지나칠 만한 것들의 존재 이유에 대해 나름대로 골몰히 생각하는 사람입니다. 덕분에 십 분이면 갈 곳을 삼십 분, 한 시간씩 걸려서 가기도 하지만요.

이 책은 그렇게 '굳이' 쓰인 책입니다. 남들은 그냥 그러려니 하는 마음의 밋밋함, 뾰족하게 튀어나온 마음들과 불투명한 막에 가려진 수줍은 마음들, 그런 여러 마음에 대해 제 나름대로 고민하고, 해결책을 (어쩌면 마음의 모양에 맞는 맞춤 생활양식을) 찾기 위해 애쓰다가 만들어진 기록입니다. 그렇기 때문에 이 기록을 읽으시는 몇몇 분들과는 생각이 다를 수 있음을 미리 알려드리고 싶습니다. 제 나름대로, 굳이 머리를 쥐어짜 가며 만들어낸 책이니까요.

이 책에 담은 제 나름의 기록과 고민이, 읽어 주시는 여러 분들에게 생각할 만한 기회가 되기를 바라는 마음으로 이 이야기를 전하고 싶었습니다. 당신이 '정말 내가 생각해왔던 것들이 맞는 걸까? 혹시? 다르게 생각해 볼 수도 있을까?' 하고 의문을 던질 수만 있게 되신다면, 저는 정말 좋겠습니다.

1장

나는 매일 도망치는 중입니다

세상의 모든 내성적인 사람들을 관찰하고, 그들에 대한 제 나름의 생각들을 정리하기에 앞서, 제 이야기부터 조금 더 풀어내 보는 게 좋을 거라고 생각했습니다. 책을 읽는 여러 분들을 위해서도, 이런 사람으로 태어나고 자라온 나를 위해서도요.

지금부터 내가 도망쳐온 역사를 아주 조심스럽게 글로 옮겨 적어보겠습니다. '내성적'이라는 말은 세 글자만으로 표현하기엔 너무나도 많은 색과 모양을 지니고 있다고 생각합니다. 그렇기에 나를 포함한 누군가에게 '내성적인 사람'이라는 단 하나의 잣대로 규정하는 것은 적절치 않다고 생각합니다.

화가가 피사체를 여러 각도에서 관찰하듯, 제가 지니고 있는 내성적인 면면과 에피소드들을 되새김질해보았습니다. 혹시 이 책을 읽고 있는 당신께서도 내성적인 사람이시라면, 아래의 기록들을 읽으며 몇 번쯤은 맞아, 나도 이 마음 알아, 하고 무릎을 치실 수도 있겠지요.

텔레비전부터 틉니다

저는 집에 들어오자마자 TV부터 틀고 보는 습관이 있습니다. 본방을 사수해야 하는 프로그램이 있다거나, TV를 보는 것만이 삶의 유일한 낙이라거나 해서는 절대 아니고요, 그저 사람의 목소리가 필요해서랄까요?

지금은 본가에서 부모님과 함께 살고 있습니다만, TV를 틀어놓는 습관은 대학교에 다닐 때, 그러니까 제가 한 3년 정도 자취를 할 때부터 생긴 것입니다. 저는 대학교에 다닐 때도 어김없이 왁자지껄한 분위기를 좋아하는 사람이 아니었습니다. 술을 마시는 것, 커피를 마시는 것은 좋아하지만, 여러 사람과 함께 그것을 즐기는 것은 별로 좋아하지 않았지요. 하지만 그런 내성적인 성격과는 별개로 조용한 것은 싫어했기에 임시방편으로 선택했던 것이 바로 'TV 틀어두기'였습니다.

정말로 마음이 맞고 대화 코드가 통하는 누군가와 오늘 하루에 대해 소소하게 수다를 떠는 것은 물론 행복한 일입니다. 그렇긴 하지만 역시 하루의 일과를 마치고 또 새로이 누군가를 만나는 것은 내키지 않았던 것 같아요. 그래서 저는 차분하고 조용한 채널보다는 계속해서 우악스러운 목소리들과 웃음소리들이 가득한 예능 전문 채널을 틀어두곤 했습니다.

'오디오가 비어 있다.' 혹은 '오디오가 꽉 차 있다.' 그런 표현이 있죠? 저는 최대한 오디오가 꽉 차 있는 채널을 골라 틀어두고 그때부터 누워서 책을 읽거나 술과 커피를 마시거나, 밥을 먹곤 했습니다. 그럼 외로운 느낌이 저 멀리 어딘가로 도망간 듯한 착각이 들었습니다.

하지만 결국 잠자리에 들 시간이 다가올 때쯤에는 이상한 공허감에 휩싸였습니다. 늘 그랬습니다. 얼마 되지도 않는 메신저 친구 목록을 괜히 둘러보고 '술이나 한잔 할까?', '누군가를 불러볼까?' 하고 잠시 고민을 하지만 이내 핸드폰을 끄고 그저 한숨을 쉬고는 조용히 잠자리에 들곤 했습니다. 하루의 마무리는 늘 그렇게 애매했어요. 곰곰이 그 이유를 생각해보면, 이제야 그나마 명확히 보이는 것들이 있습니다.

저는 모험하는 것을 극도로 겁내는 사람이었던 겁니다. 그땐 몰랐는데 말이에요.

저는 영화를 볼 때 갈등 부분, 슬픈 부분을 보는 것을 굉장히 힘들어합니다. 이미 몇 번은 본 영화도 예외는 아니에요. 갈등이 시작되는 시퀀스에 도달하면, 저는 차마 보지 못하고 꺼버리기 일쑤입니다. 너무 고통스럽더라고요. 등장인물들이 안정적이고 행복한 나날을 벗어나, 새로운 국면을 맞이하거나 어떤 커다란 사건을 겪으면 저는 함께 불안해졌습니다. 눈에 보이고 귀에 들리는 모든 낯선 것들이 위험요소이고

'어떤 불길한 가능성'처럼 느껴졌습니다. 그것들마저도 저에게는 모험으로 다가오곤 했습니다.

가상세계의 껄끄러운 장면들조차 그렇게 일일이 모험으로 다가오는데, 하물며 현실 세계의 자극들은 오죽했을까요? 제 주변에 친숙한 사람들, 자주 가던 친숙한 장소에서조차도 두려움을 느낄 때가 있었습니다.

> '아르바이트를 하고 있는 학원의 회식 자리에서, 다른 선생님들과의 트러블이 생기면 어쩌지?'
>
> '평소에 마음에 두고 있던 과 후배와 영화를 보기로 했는데 갑자기 화장실에 가고 싶어지면 어쩌지? 그 일로 갑자기 분위기가 어색해지면 어쩌지?'

저는 그런 식으로 일어나지도 않은 일들에 대해 걱정했습니다. 그리고 걱정과 비례해서 제가 집에 머무는 시간은 길어지게 되었죠. 어쩌면 예능 프로그램을 틀어두는 것도, 어색한 대화보단 그나마 편안한 TV를 찾는 것도, 영화를 볼 때도 편안한 부분만 보는 것도, 나의 단단한 마음 정중앙에 박힌 물컹거리는 내성적인 성격 때문이 아닐까 생각이 듭니다.

한때는 허구한 날 집에만 틀어박히는 나의 신세가 참 처량하게 느껴지기도 했지만, 언젠가부터 그렇게 비관적으로만 생각하진 않게 되었어요. 경제생활을 시작하고부터. 즉, 제가 스스로 돈을 벌기 시작할 때부터 말이죠.

밖에서 숨만 쉬어도 돈이 나가는 것 같은 기분이 들 때가 많습니다. 그렇잖아요, 커피 한 잔을 마시더라도 한 끼 식사를 해결할 수 있는 돈이 나갑니다. 차비는 또 뭐가 그렇게 비싼지, 후불 교통카드의 누적 사용금을 볼 때마다 숨이 턱턱 막히곤 합니다. 하지만 집에서 시간을 보내는 건 많은 돈이 들지 않죠. 단언컨대 세상에서 가장 경제적인 방법일 겁니다. 기껏해야 TV를 틀어두는 전기세, 네 캔 묶음의 맥줏값 만 원 정도면 아주 편안하고 비교적 덜 외롭게 하루를 마무리할 수 있는 거죠.

물론, 누군가는 혼자 밥을 먹거나 혼자 술을 마시고, 바깥이 아닌 집에서만 시간을 보내는 것에 대해 동정의 눈길을 보내고 있다는 것을 잘 압니다. 하지만 그들이 우리의 인생을 대신 살아 주는 것은 아니잖아요? 대신 살아 준다고 해도 그런 사람들에 의해 마무리되는 하루는 분명 우리의 마음에 들지 않을 겁니다. 생각만 해도 끔찍하지 않나요? 타인에 의해 저의 취향과는 거리가 먼 일상을 보낸다는 게 말이에요.

먹고
사는 일

저는 어쩌다 보니 전업 작가로 살고 있습니다. 맞아요, 또 '어쩌다 보니'입니다. 각박하게 들리겠지만, 먹고 사는 일은 무엇보다도 중요합니다. 갓 스무 살이 됐을 때와 서른 살이 됐을 때의 먹고 사는 일은 확연히 다른 것 같습니다. 마흔 살, 쉰 살이 됐을 때는 또 달라지겠지요. 스무 살 땐 그저, 아르바이트를 해서 대학을 다니고 식비나 용돈 정도만 충당하는 데 급급했습니다. 서른 살이 된 지금도 운영하는 작업실의 월세라던가, 국민연금이나 세금처럼 예전에는 없었던 지출이 생기다 보니 스무 살 때 보다는 훨씬 벌이가 나아졌어도 허덕이는건 여전합니다. 그저 내 밥값 정도에서 벌이가 되면 만족하고 살면 좋겠지만 그리 마음 편하게 살기는 쉽지가 않더라고요. 집에 생활비도 드려야 하고, 작업실 임대료로 내야 하고, 업무 미팅과 사무실 비품비 등등. 하다못해 친구들과 가끔 마시는 술값도 한두 푼이 아닙니다. 이 기회를 빌려 되돌아보니 더 확실해지네요. 살아오며 먹고 사는 일이 쉬웠던 적은 단 한 번도 없었던 것 같습니다.

남들 다 하는 아르바이트라지만, 대학을 다니는 내내 쉬었던 적이 없었던 것 같습니다. 방학 때면 공장 보조나 택배 상하차 일을 했고, 학기 중에는 어학원에서 중학생들을 가르치며 생활비를 벌어야 했습니다. 사실 저는 글과 관련된 전공이 아니었기에, 글을 쓸 시간을 따로내기는 힘들었습니다. 잠을 포기하고 새벽까지 글을 써야 했습니다. 오전 세 시쯤 잠들고 네 시간쯤을 자고 일어나선 다시 학교에, 학교를 마치면 다시 어학원에 가야 했습니다.

그래서일까요, 사실 나의 대학생활 4년의 기억에는 참 뭐가 없는 것 같습니다. 동아리 생활도, 연애도, 여행이나 대외활동 같은 건 도대체 누가 하는 걸까, 그런 생각도 참 자주 했습니다. 먹고 사는 것만으로도 눈코 뜰 새 없이 바빴거든요. 나름대로요.

예전에 제 책에서 여행에 관한 이런 글을 썼던 적이 있습니다.

> 여행 애호가들과는 거리가 멀었다. 나는 몇 달에 한 번씩 어딜 꼭 다녀오는 사람들을 부러워하기도, 이해하지 못하기도 했다. 여행은 그저 집에서 먼 곳으로 떠나, 집이 아닌 곳에서 자고 집에서 먹던 것이 아닌 것을 먹는 데에 십 수만 원에서 많게는 몇백만 원을 소비하는, 그야말로 비효율적인 짓이라고 생각했으니까. 부러움은 그런 생계 외 부수적 활동에 그만큼의 돈을 쓸 수 있다는 사실에 대한 것이었고 이해하지 못함은 바로 그 비효율성 때문이었다.
>
> -〈나는 아직 너와 헤어지는 법을 모른다〉, 쌤앤파커스

지금 생각해보면 아마 여행을 떠나지 못했던 나에 대한 소심한 변호, 또는 핑계를 대고 싶었던 것 같네요. 전공을 살렸다면, 그리고 정말 당장의 먹고사는 일을 생각했다면 회사에

취직을 하는 게 더 좋았을 수도 있겠지만, 저는 취업을 포기하고 프리랜서 작가가 되기로 마음먹었습니다. 물론, 대학을 졸업하고 나서도 몇 년간은 학원 일을 병행해야 했습니다만, 정말 다행스럽게도, 그리고 감사하게도 요즘은 글과 관련된 일로만 그럭저럭 제 앞가림 정도는 하고 살게 되었습니다. 잡지사에 주간 연재를 하기도 했고, 글쓰기 강의를 하기도 했습니다. 강연을 했고 쉬지 않고 책을 썼습니다. 그러다 보니 크고 작은 벌이들이 모여 지금의 제 일상이 만들어진 것 같습니다.

다시 말씀드리지만, '그렇다고 아주 풍족한 삶을 살고 있느냐?' 하면 또 그건 절대 아닙니다. 솔직히 허덕이는 날이 훨씬 많습니다. 수입이 들어오는 날과 돈이 지출되는 날이 교묘하게 엇나가기라도 하면, 며칠, 길게는 몇 달은 조금 배고프게, 허리띠를 졸라가며 지내야 합니다. 여전히 '먹고 사는 일'에 얽매여 살고 있습니다. 아마 앞으로 예상보다 큰 성공을 거두거나 복권에 당첨되지 않는 이상, 이 생활 패턴은 오래도록 계속되리라 생각됩니다. 필요에 따라선 다시 글쓰기가 아닌 다른 일을 병행하게 될 날이 올지도 모르겠네요.

하지만 나와 비슷한 조건이었고, 지금도 비슷한 조건을 지녔음에도 과감히 여행을 떠나고, 왕성하게 직업 외적인 활동을 하는 사람도 정말 많은 걸 알고 있습니다. 저와는 다른 그들이 바로 흔히 말하는 '외향적인' 사람들이겠죠.

비단 여행뿐만 아니라 먹고 사는 일에서도 그 사람들은 다른 선택을 하기도 하더라고요. '성공을 위해 한 길만을 바라보고 죽어라고 판다!'라는 카드를 한 손에 쥐고, 다른 한 손에서도 여러 선택지를 만지작거리곤 합니다. 끊임없이 새로운 것을 배우고 여러 활동을 왕성하게 하다가, 결국 새로운 적성 또는 더 나은 직장을 찾아 다른 도전을 시작하는 사람을 저는 여럿 봐왔습니다.

어쩌면 무모하리만큼 도전적인 면모들을 질투 어린 시선으로 바라보고, 또 그런 이들을 곱게만 바라보지는 않는 것처럼 말해왔지만, 사실은 제가 갖지 못한, 어쩌면 저와는 다른 그 모습들을 줄곧 부러워했던 것 같습니다.

의식주에도 모험이 있습니다

나와 같은 사람들에겐 매일의 삶이 모험이지 않을까, 종종 그런 생각을 합니다. 모험의 사전적 정의가 '위험을 무릅쓰고 어떠한 일을 함, 또는 그 일.'이라고 하니, 마냥 틀린 말은 아니겠죠. 물론 '위기 탈출 넘버원'처럼, 샤워하고 밥을 먹다가 위험한 일을 겪는다든가 하는 건 아닙니다만, 심리적으로는 그만큼이나 황당할 정도로 위험하다고 생각합니다. 조금 더 정확히 말하자면 위험보다는 거부감인데요, 조금이라도 낯선 느낌을 받으면 그렇습니다. 정말이지, '좀 그렇습니다.'

사실 저는 화려한 옷을 좋아하는 사람입니다.

지금까지 세상에서 가장 밋밋한 사람인 척을 하고, 튀는 걸 싫어한다고 말했으면서 무슨 소리냐고요? 어디까지나 좋아한다는 말일 뿐, 입지는 못한다는 게 문제지요. 길을 걷다 보면 참 멋진 옷차림들이 많이 보입니다. 알록달록한 색감, 패턴들, 하이패션 특유의 독특한 형태들. 어쩜 저렇게 멋있을까, 걸음걸이는 또 어떻고, 그런 생각을 합니다.

저는 걸치는 것부터가 안 됩니다. 알 수 없는 거부반응이 일어나죠. 왠지 나는 입으면 안 될 것 같은 옷, 그런 옷들을 걸치기만 해도 무슨 일이 일어날 것 같아서요. 한번은 정말 예뻐 보이는 운동화가 있어서, 못 신을 것을 알면서도 산 적이 있었어요. 그 알록달록하고 화려한 운동화를 매일매일 꺼내서 바라보기만 했어요. 결국 한 번도 신지 못하고 되팔아야만 했지만요. 이런 적, 나만 있나요?

화려한 것들은 그저 보는 것만 좋아할 뿐, 저는 무난한 옷만 입는 사람입니다. 형태와 색이 튀지 않고, 누가 입어도 적당히 어울릴만한 무채색 옷들 말이에요. 사이즈도 넉넉해서 몸의 어느 부분이 부각되지 않는 옷들, 그런 것들은 제게 있어서 일종의 위장 기능이 있는 전투복과 같습니다. 너무 특색이 없어서 사람들 틈에서 전혀 돋보이지 않거든요. 모험을 싫어하는 제게 이만큼이나 안성맞춤인 옷차림이 있을까요?

모험을 기피하는 저의 체질은 심지어 식생활에서도 눈을 뜹니다. 전 요리를 하는 게 두렵습니다. 불 조절, 시간, 배합, 손질, 칼 사용법. 어쩌면 그렇게 알아야 하고 준비해야 하는 게 많은지! 내게 요리는 초보 운전자의 운전과도 같아서, 처음부터 끝까지 계속 진이 빠지는 행위일 수밖에 없습니다. 그래서 매일 라면만 끓여 먹거나, 밖에서 사서 먹게 되는 걸까요? 몸이랑 지갑 사정을 생각하면 얼른 요리해서 먹는 습관을 들여야 할 텐데, 이것 역시 겁이 많은 초보 운전자의 운전과 닮아 있네요.

사는 것조차 모험 같이 느껴질 때가 있습니다.

저에게 산다는 것은 위험천만한 모험의 연속과도 같은 일입니다. 적어도 저 같은 사람들에겐 그렇습니다. 그리고 저와 닮은, 비슷한 사람들은 하루만큼씩 모험을 겪어가며 생존

법을 익혀가고 있는 건지도 모르겠습니다. 때로는 울기도 하면서, 잔뜩 긴장해서 바들바들 떨기도 하면서요.

덥지도, 아프지도 않은데 식은땀을 흘리는 사람들의 속마음을 저는 압니다. 알아주고 싶습니다.

주춤거림이 아닌
신중함

동료 작가 P와 처음 만난 건 4년 전쯤이었습니다. 책 한 권을 같이 쓰는 공동 집필 작업을 통해서였죠. 그 뒤로는 나이도 같은 데다가 죽도 잘 맞아 밥도 같이 먹고, 어느새 같이 작업실도 운영하는 사이가 됐습니다. 그렇게 점점 함께하는 것들이 많아지던 참에, 우리는 어쩌면 당연하게도 새로운 사업 이야기를 하게 됐습니다. 서로 잘 맞았기 때문에 같이 일을 벌여도 좋을 것 같아서였을까요? 물론 보통 사업 아이템을 제안하는 쪽은 P 쪽이었습니다. 그리고 부정적인 입장에 서는 쪽은 저였죠.

줄곧, 저는 '우린 제대로 아는 게 없잖아.'라는 입장을 고수했습니다. 모험을 두려워하는 제 성향에 새로운 사업과 도전을 반기는 게 더 이상했을 거예요. 조금 더 과감히, 속전속결로 진행될 수도 있었을 일들이 제 주춤거림 때문에 늦춰졌습니다. 저는 계속 신중한 태도를 고수하고 P가 나를 이끌어서 이것저것 해나가고 있는 형국이었던 거죠. 그렇게 우여곡절을 겪다 보니 '제대로 아는 게 없었던' 우리도 부딪쳐가며 배워가고, 결과물들을 만들어 가고 있습니다.

하지만 우리 일에 난관이 없었느냐 하면, 그건 또 아니었던 것 같아요. 큰 손실을 낼 뻔했다가 바로 직전에 문제점을 찾아서 간신히 해결했던 일도 종종 있었습니다. 과감하고 빠른 선택과 결정도 중요하지만 때로는 신중하고 조심스러운 판단이 필요할 때도 있는 것이겠죠.

저돌적이고 과감한 결정을 하는 사람들이 모험을 두려워하고 걱정이 많은, 저와 같은 사람들을 이끌어 간다고 생각할 수 있지만 다르게 보자면 저는 그들보다 조금 더 신중할 뿐이라는 생각이 들기도 합니다. 그런 신중함을 우유부단하고 소심한 사람들의 변명이라고 치부하는 사람이 있다면, 저는 오히려 그 사람으로부터 도망을 가는 게 더 현명할 수도 있겠다는 생각이 들기도 합니다.

저는 이런 이유로 저의 신중하고 겁이 많은 성격도 쓸모가 있었다고 믿고 싶습니다.

"도망치는 사람"의 첫 번째 특징

모험을 두려워합니다

모험이 두려워 도망치고 싶은 사람들은

- ☑ 집만큼 안전한 곳은 없다고 생각합니다.
- ☑ 불확실한 성공보단 확실한 보통을 선호합니다.
- ☑ 실패했을 때의 최악의 상황을 가장 먼저 떠올립니다. 그래서 시작이 제일 어렵습니다.
- ☑ 결정은 신중하고 조심스러워야 한다고 생각합니다.
- ☑ 굳이 일어나지 않을 일을 미리 고민합니다.
- ☑ 낯설고 새로운 것이 항상 무섭습니다.
- ☑ 사람이나 환경에 익숙해지는 것에 시간이 오래 걸립니다.

북적북적
공포증

내게는 한 번 겪어보고 그 뒤로는 영영 없는 경험이 제법 많습니다. 쉽게 떠오르는 것들이 몇 개 있네요. 클럽, 소개팅, 단체 여행.

처음이자 마지막으로 클럽이라는 곳에 가게 됐던 때를 기억합니다. 아마 당시에 꽤 자주 만나 놀았던 친구의 생일이었죠. 사실 클럽에 가기 전부터 그렇게 마음이 편했던 건 아니었습니다. '본격적으로 놀기 전에 목을 좀 적시고 가자!'라는 목적하에 예닐곱 명이 술을 마시게 되었습니다. (그 본격적으로 논다는 게 무엇인지도 잘 몰랐지만) 저는 애초에 세 명 이상이 함께하는 술자리를 그다지 좋아하지 않는 사람입니다. 그런데 셋이 훌쩍 넘는 숫자의 장정들이 테이블 두 개를 붙이고, 그야말로 아수라장에 가까운 술집의 한가운데에서 그 아수라장의 대장이라도 될 기세로 더 크게 떠들고 있는 상황은 저를 괴롭게 만들기에 이미 충분했습니다. 그때 벌써 '사교성 배터리'가 방전되어가고 있던 겁니다.

하지만 이전의 아수라장을 비웃기라도 하듯, 꼬불꼬불한 통로를 통해 당도한 클럽은 '생지옥' 그 자체였습니다. 태어나서 그런 곳을 본 적이 없었어요. 한계 수준 이상으로 시끄럽게 터져 나오는 음악(내게는 소음이었습니다.)에 귀가 아파왔고, 이곳에서 일주일만 일해도 큰 병을 얻을 것만 같을 정도로 담배 연기는 자욱했습니다. 내가 싫어하는 것들로만 가득 채워진 공간이 있다면 바로 여기가 아닐까 싶었습니다. 넓은 홀에 빽빽하게 들어찬 사람들, 몇몇 사람의 큰 목소리와 날카로운 눈빛들, 분명 일면식도 없는 사이였을 텐데 서로를 더듬는 사람들…….

그중에서도 가장 두려웠던 건, 화장실을 오갈 때마다 내

옆구리를 찌르던 사람이었습니다. 알지도 못하는 사람이 계속해서 제 옆구리를 찌를 때의 당황스러움이란. 저는 '어휴 왜 이래요? 뭐야 진짜.'라는 말을 약간 짜증 섞인 목소리에 담아 난처함을 표현했지만, 목소리는 커다란 음악 소리에 묻혀 그 사람에게 전달되지 않았던 것 같습니다. 그게 '나는 당신이 마음에 들어요.'라는 사인 비슷한 행동이라는 걸 저는 뒤늦게 알았지만요. 아무튼, 그랬습니다. 싫어하는 것과 무서운 사람들이 지천이었습니다. 집에 있는 이불과 맥주가 그렇게 간절했던 적이 없었어요. 결국, 참지 못하고 저는 친구들 몰래 클럽을 빠져나와, 야간할증이 붙은 비싼 요금을 내면서까지 택시를 잡아 집으로 돌아갈 수밖에 없었습니다. 그 이후로도 클럽에 갈 일이 생기면, 그전까지만 함께 즐기고 호시탐탐 기회를 엿보다 갖은 변명을 대며 일행에서 빠진 날이 많았습니다. 물론, 클럽에서 신나게 몸을 흔들다 보면 스트레스가 풀린다든지, 클럽에서 듣는 음악만큼 신나는 게 없다는 사람들의 말을 무시하는 것은 아닙니다.

다만 그렇게 느꼈던 거예요. '여긴 내가 있을 곳이 아니다.'라고.

소개팅은 조금 다른 의미로 싫어합니다.

'너희 둘은 연애를 전제로 만나는 거다.'라는 식의 인위적인 만남은 제가 그다지 추구하는 바가 아니거든요. 두 명의 권투선수가 링 위로 올라옵니다. 밝은 조명 아래에서 조우한 둘은 인사를 나눈 후 서로를 견제하기 시작하죠. '이 사람이 말을 던지는 스타일은 이렇구나.' '이 사람은 이 부분이 강하고 또 이 부분은 조금 약하구나.' 링 위의 두 선수는 상대방의 경기 타입을 필사적으로 확인합니다. 그리곤 '이 사람은 내 상대가 될 자격이 충분하다.'라는 결론이 두 사람 모두에게 내려지면, 그들은 더 큰 체육관으로 링을 옮기거나 다음의 2차전을 기약합니다. 이것이 제가 생각하는 소개팅입니다. 너무 비약적인 비유일까요?

만약 이러한 비유가 어느 정도 말이 되는 것이라면, 저는 자신을 '실전에만 들어가면 연습했던 것과는 다르게 움직여, 어김없이 지고 마는 선수'쯤으로 소개할 것 같습니다. 그랬거든요. 아무리 연애와 관련된 글을 많이 썼어도, 아무리 드라마를 많이 보고 아무리 연애를 하고자 하는 욕심이 충만해도 소개팅 상대 앞에만 서면 고장이 나곤 했습니다. 이만하면 꽤 괜찮다고 생각하는 제 면면들이 그 사람 앞에선 빛나지 않았습니다. 이를테면 섬세함, 엉뚱하지만 이상하게 웃긴 유머 감각, 은근히 신기한 상식 같은 것들 말이죠. 하지만 소개팅이 진행될수록 오히려 과도하게 땀을 많이 흘리거나 찻잔을 엎는 등의 실수만 저질렀습니다. 이상한 대답으로 대화의 맥을 뚝뚝 끊어먹었습니다. 이건 내가 아니야, 내가 내가 아니게 됐어, 그렇게 자각하면서도 말과 행동은 나아지지 않아 당혹스러웠습니다. 그리고 집에 들어가서는 어김없이 자신을 탓할 뿐이었죠.

저는 그래서 소개팅보단 천천히, 상대적으로 긴 시간을 갖고 서로를 알아가는 만남이 좋습니다. 긴 시간 동안 여러 기회를 통해 제가 가진 매력을 뽐내고 상대방의 매력을 알아챌 수 있는 것이 제게는 잘 맞는 거라고 생각해요. 다행히도 이런 생각에는 저를 비롯한 꽤 많은 사람들이 공감해 주고 있는 것만 같아 다행입니다. 얼마나 저 같은 사람이 많았으면, '자만추'(자연스러운 만남을 추구한다는 의미의 신조어)라는 말이 생겼을까요. 아무튼 저는 죽었다 깨어나도 '자만추'일 것 같습니다.

단체로 어딘가를 향해 떠나는 것도 저에게는 스트레스였습니다.

회사의 워크숍이나 대학 시절의 신입생 환영회, 과 MT 같은 행사의 날짜가 잡히고 공지되면, 그때부터 극심한 스트레스를 받아야만 했습니다. 정말 친한 친구와 단둘이서 나란히 누워도 쉬이 잠에 못 들어 눈을 끔뻑거리는데, 열 명도 훨씬 넘는 사람들과 동침이라니요. 그리고 뭐라고요? 장기자랑? 빙 둘러앉아서 신나게 먹고 마시자고요? 글자로 적기만 해도 머리가 아픈 것 같고 절로 한숨이 나오는 일이었습니다. 다들 출발 며칠 전부터 들떠 있는데, 저는 그때부터 머리를 쥐어뜯고 있었습니다. 그리곤 결국 억지로 거짓말을 뱉어야만 했습니다. 가족 행사가 있다든지, 써야 할 원고가 산더미라든지 하는 거짓말들을요. 거짓말을 그렇게도 싫어하는 사람, 거짓말들에 몇 번이고 상처를 받았던 사람이 거짓말을 하는 거라면 말을 다 했다고 봐도 되겠지요.

'도망치는 건 부끄럽지만 도움이 된다'라는 드라마 제목이 있었던가요, 실제로 그랬습니다. 거짓말을 할 때는 정말 커다란 죄라도 저지른 것 같고, 스스로가 너무도 밉고 한심해 버틸 수 없었지만, 그 뒤론 그렇게 편할 수 없었습니다. 그 사람들은 지금쯤 장기자랑을 하고 있겠지, 그렇게 어림잡으며 집에 편하게 누워 있는 것이 오히려 고소하기까지 했습니다.

제가 좀 과하다고 생각했었습니다. 다른 사람들이 보면 유별난 사람이라고 바라볼 것이 분명하다고 말이에요. 그래서 저의 '북적북적 공포증'을 다른 사람들에게 드러내는 걸 꺼렸습니다. 속으로 감추고 사람들이 많이 모이는 자리나, 처음 보는 타인과의 불편한 자리는 적당한 핑계로, 때로는 거짓말로 피하곤 했습니다. 불편함을 솔직히 드러내기 어려웠었죠. 하지만 꽤 많은 사람들이 저와 같은 불편함을 가지고 저처럼 드러내지 못하고 있다는 걸 시간이 좀 지난 뒤에 알게 되었죠. 그것도 꽤 많은 사람들이 말이죠.

그러니까 제가 특별히 유별난 사람은 아니라는 말을 하고 싶었어요. 꽤 많은 사람들이 저와 같은 생각을 하고 있으니까 말이예요.

저의 '북적북적 공포증'에 공감하는 당신을 포함해서 말이죠.

드라마의
주인공처럼

영화는 어쩔 수 없이 영화이고, 드라마는 어쩔 수 없이 드라마일 수밖에 없는 이유가 있습니다. 바로 생략되는 것들이 많다는 점입니다. 은행 일을 보러 들어간 주인공이 삼 초도 안 되어 은행 일을 마치고 나오는 장면에서, 우리는 큰 괴리감 없이 '주인공이 은행 일을 보고 나왔구나.'라고 생각합니다. 만약 장면 생략 없이 은행 일을 보는 2~30여 분, 무언가를 고민하는 억겁의 시간을 다 필름에 담아야만 한다면, 영화나 드라마의 러닝 타임은 몇 배로, 어쩌면 며칠로 늘어날 수밖에 없겠지요.

이 특징은 인물들의 대화에서도 마찬가지로 나타납니다. 극 속의 인물들은 주저하거나 해야 할 말을 고민하거나 하는 일이 거의 없습니다. 이쪽에서 무슨 말을 쏘아대면, 기다렸다는 듯이 그에 맞는 대답을 쏘아대는 식인 거죠. 저는 거기에서 풍겨 나오는 뭔지 모를 멋짐, 예리함 때문에 그런 장면을 볼 때마다 카타르시스를 느끼곤 했습니다. 물론 현실 세계에선 쉽게 나오지 않는 번뜩거림입니다. 저로서는 상상할 수도 없지요. '말을 잘 못 해서 글을 쓰기 시작했어요.'라고 우스갯소리를 하는 저는, 아주 천천히 씹어서 말을 뱉는 편입니다. 그러는 와중에도 뭔가가 막혀서 골똘히 고민하거나 혀를 헛디디는 경우가 많지요. 이런 저에게 드라마 속 인물들은 일종의 외계인처럼 보일 수밖에요.

하지만 놀랍게도 극 중의 인물들처럼 말을 쏘아붙이거나 빛의 속도로 대답을 하는 사람들이 종종 보이곤 합니다. 이 사람들은 저와는 반대 성향의 사람들일 확률이 높습니다. 늘 뭔가를 (에너지 또는 메시지를) 발산하려 하고, 그 무언가가 머리끝까지 차 있기 때문에 콕 찌르기만 해도 와르르 말을 쏟아내고, 하고 싶은 말과 의견을 뱉어낼 수 있을 거라고 생각합니다. 이들의 이러한 모습은 보는 이로 하여금 거침이 없고 시원함을 느끼게 하기 때문에, 신뢰감과 경외심을 얻기에 아주 효과적인 것 같습니다. 그 성향 때문일까요? 모임이나 직장에서 그런 성향의 사람들이 리더가 되는 경우를 많이 보았습니다.

저도 한때는 그들의 멋진 '말발'을 부러워한 적이 많았습니다. 그리고 동시에 스스로를 탓하기도 많이 했죠. '나는 왜 말 한마디를 하는 데도 쩔쩔매서.', '내 말에는 왜 시원한 맛이 없을까.' 하고요. 하지만 이제는 아닙니다. 그들의 거침없는 말솜씨만큼이나 사려 깊고 섬세한 '말의 살결' 같은 것이 내게 선물처럼 깃들어 있다는 것을 믿기로 했습니다. 말 한마디를 하는데도 실례가 되진 않을까, 어떻게 건네면 더 따뜻하게 다가갈까 고민할 수 있다는 것은 분명 축복받은 일입니다. 마치 느리더라도 속이 편안해지는 정성 담긴 음식들처럼요.

관계만큼은
'소소익선'

인간관계에서는 미니멀리즘이 좋다고 생각하는 편입니다. 아니, 나쁘지 않다고 생각하는 걸까요. 주기적으로 사교의 장에 나가 사람을 사귀는 사람들과 나와는 구조가 다를 뿐이지, 어느 한쪽이 옳고 옳지 못한 것은 아니라고요. 각각의 장단이 있는 것이라고.

저는 주변에 많은 사람과 한꺼번에, 그리고 동시에 관계를 맺기 어렵게 설계된 사람이라고 생각합니다. 그렇기 때문에 새로운 사람을 만나는 자리에서는 공적인 업무가 아니고는 웬만해선 나가지 않습니다. 낯선 자리에 가게 되면 일단 저부터가 낯선 사람이 되는 것만 같거든요. 내가 가진 가장 좋은 표정과 말의 온도, 그리고 관계에서 오는 만족감 같은 것들을 찾을 수 없게 돼버립니다. 일종의 '관계 편식'인 거죠. 왜, 먹기 싫은 것들을 억지로 먹으면 탈이 나기도 하잖아요. 저는 관계도 다르지 않다고 생각해요.

억지로 내 입장과 기분을 억누르고 집을 나서서 새로운 사람을 만난 적이 있습니다. 새로운 친구를 몇 알게 되긴 했지만, 그날의 기분은 썩 유쾌하지 않았습니다. 피곤하기도 했고요. 무엇보다도 앞으로 또 얼마나 긴 시간과 많은 정성을 들여서 서로를 알아가야 하는 걸까. 그런 생각이 가장 컸습니다.

억지를 부려가며 꾸린 넓은 인간관계는 관리도 쉽지 않은 것 같습니다.

누군가를 축하하거나 위로할 일이 있을 때면 또 낯선 기분을 느낍니다. 나는 나만의 속도와 방식으로 마음을 전하고 싶은데, 세상에 통용되는 방식은 또 저랑은 너무도 맞지 않으니까요. 하루는 '내 주변 사람들은 다 같은 날에 생일 파티를 하고, 결혼식을 열었으면 좋겠다!' 하고 망상한 적도 있었습니다.

저는 늘 만나던 사람과 만났던 곳에서, 익숙한 일들을 하는 것에서 오는 소소한 만족감을 좋아합니다. 그리고 그런 관계에서만 건넬 수 있는 말, 줄 수 있는 진심이 있다는 것을 여전히 믿고 있습니다.

웬만해선 그를
지루하게 할 수 없다

저는 지루함을 거의 안 느끼는 것 같습니다. 어떤 사람은 잠시라도 따분한 장소에 있는 것을 싫어하고 매일매일 신선한 이벤트 있어야 한다고 하지만, 적어도 저는 그렇지 않습니다. 저는 계획한 시간에 정해진 일들이 착오 없이 일어나는 걸 선호합니다. 예측할 수 없는 변화들에 불안감을 느끼죠. 습관화된 전형적인 일상이 편안함을 줍니다. 단순 반복 작업 같은 것들 말이에요.

어릴 적 아르바이트를 할 때도 그랬습니다. 남들은 제품을 몇 개 못 만들 때도, 저는 배로 많이 뭐든 만들 수 있었고, 동료들의 전시 준비를 할 때도 마찬가지였습니다. 그 반복적인 과정이, 지루하기보단 오히려 '아무 걱정도 없는 편안한 시간'인 것만 같아서, 저는 저만의 우주에 떠 있는 듯 그 시간을 즐길 수 있었습니다. 일상생활은 또 어떻고요. 제게는 '액티브한' 취미랄 게 필요가 없습니다. 그 말은 즉, 갔던 곳에 또 가고 (심지어 과천에는 거의 이틀에 한 번꼴로 가는 미술관이 있어요.) 읽던 것을 또 읽고 듣던 걸 또 들어도 만족한다는 말이죠. 먹던 것만 먹는 애, 가는 곳만 가는 애를 이해 못 하는 사람도 있던데, 네, 바로 제가 그런 아이입니다.

누군가가 했던 말을 기억합니다.

"나는 조금만 마셔도 취하기 때문에 가성비가 좋아. 저렴하게 취할 수 있잖아."

저도 그렇게 생각할 수 있지 않을까요. 재미 쪽에 있어서는 가성비가 참 좋은 사람.

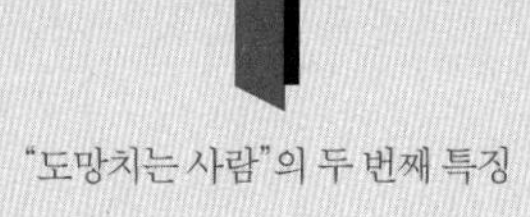

"도망치는 사람"의 두 번째 특징

익숙하고 느린 걸 좋아합니다

낯섦으로부터 도망치고 싶은 사람들은,

- ☑ 낯선 사람들, 낯선 장소를 가급적 피하고 싶어 합니다.
- ☑ 3명 이상의 모임을 부담스러워합니다.
- ☑ 말을 꺼내기 전에 이 말을 해도 될지 고민을 먼저 합니다.
- ☑ 주변 사람들은 말을 느리게 하는 사람이라고 생각합니다.
- ☑ 많은 사람들과 복잡한 인간관계를 맺는 것이 부담스럽습니다.
- ☑ 주변에 최소한의 사람들과 친밀한 관계를 맺는 것을 선호합니다.
- ☑ 갑작스럽게, 예측하지 못했던 상황은 언제나 불안합니다.
- ☑ 습관적으로 반복되는 일상에서 편안함을 느낍니다.
- ☑ 쉽게 지루함을 느끼지 않습니다.

호불호가 명확한 편입니다

정말이지 써 놓고 보니 뭐가 이렇게도 싫어하는 게 많을까, 그런 생각이 듭니다.

대개 호불호가 명확한 사람들을 향해 자기주장이 확실하다, 똑 부러진다, 외향적이다, 그런 표현을 갖다 붙이곤 하지만, 저는 호불호와 외향성은 조금 별개의 영역이라고 생각합니다. 저와 같은 내성적인 사람들이 오히려 조금 더 예민하고, 꺼리는 것이 많기 때문에 호불호가 더욱 명확하다고 생각하거든요. 다만 그것을 겉으로 표출하느냐 마느냐가 문제겠죠.

내성적인 성격의 저는 확실한 취향의 선호도가 있습니다.

시도 때도 없이 폭탄이 터지고 사람이 날아다니는 액션보다는 소소한 로맨틱 코미디를 좋아합니다. 파티보다는 '집콕'이, 맛집이라고 소문난 바글대는 음식점보단 나만 아는 한적한 식당이 좋습니다. 통화보다는 문자 메시지, 찌개보다는 국, 원색적인 옷보다는 깔끔한 무채색의 셔츠들 같은 것을 좋아합니다.

지내다 보면 가끔 듣는 말들이 있습니다.

'탕수육은 소스를 붓지 말고 찍어서 먹어야 먹을 줄 아는 거지.'
'국밥 먹을 줄 모르네. 부추를 이렇게 팍팍 넣어야지.'
'그 바지엔 이 신발이지.'
'어휴, 저 남자 옷 입은 것 좀 봐라.'
'비 오는 날엔 막걸리가 진리 아니냐?'

나는 이런 말들을 들을 때마다 좀 불편합니다. 심지어 찍먹을 하는 사람인데도 불편해요. 마치 그렇게 먹지 않으면 변절자나 배교자, 간첩 취급이라도 하겠다는 기세의 말들.

자기 취향과 다른 기준을 사진 사람들에게는 '모습'이 '꼬라지'가 되는 마법들. 지극히 사적이어야 마땅한 취향을 공적으로 만들어야만 속이 편해지는 그 심보들 말입니다.

취향이라는 것은 내성적인 성격과는 관계없습니다. 앞에서도 말했듯이 자신의 취향에 대해 남들에게 드러내느냐, 마느냐의 문제죠. 그런 이유로 내성적인 사람들은 취향이 확실하지 않다고 생각하는 사람들이 많은것 같습니다. 하지만 저와 같은 사람들이 오히려 취향에 있어서는 더 까다롭다고 생각합니다.

저의 경우만 보더라도 주변으로부터 '취향의 제왕'이라고 불릴 정도로 독특한 취향을 지닌 사람이거든요. 김빠진 콜라와 눅눅해진 과자, 불은 라면, 피가 뚝뚝 떨어지는 소고기를 좋아합니다. 파인애플이 들어간 요리와 오이를 싫어하고, 재즈 음악을 천천히 마음에 들이고 있습니다. 하지만 저의 취향들을 누군가에게 관철하려 애쓰지 않습니다. 다만 그것들이 나와 겹치는 사람이 나타나면 반가워하고 수다나 떨 뿐이죠. (놀랍게도 저런 취향들이 가끔 겹치기도 합니다.)

취향이라는 말의 사전적 정의는 '하고 싶은 마음이 생기는 방향, 또는 그런 경향'이라고 합니다. 세상 사람들은 생김새도 제각각이고 홍채와 지문도 같지 않습니다. 그런데 우리들 각각의 취향은 요즘 들어 너무도 쉽게 저격당하고 있는 것만 같지 않나요? 그야말로 '취향 저격'인 셈이죠.

그러니 당신, 당신의 명확한 취향의 호불호를 공격하려 드는 사람이 있다 해도 주눅 들지 말았으면 좋겠습니다. 당신이 조금은 독특한 취향을 지녔다고 해도 그건 당신의 약점이 아닙니다. 취향은 취향인걸요. 우리 모두의 취향 각각은 존중받을 필요가 있습니다. 타인에게 피해를 끼치지 않는 선에서는 얼마든지요.

만약 주변에 누군가가 이것도 좋고 저것도 좋다고 말하더라도 그 사람이 호불호가 없다고 생각하지 마세요. 드러내지 않는다고 취향이 없는 건 아니니까 말이죠.

반 인스턴트 주의자

취향에 관한 이야기를 조금 더 해볼까 합니다. 언젠가 개인 기록 용도로 사용하는 SNS에 이런 게시글을 올린 적이 있습니다.

'아무리 생각해도 난 쿨함이나 힙함과는 거리가 있는 사람이다. 그리고 이 시대를 사는 사람들은 무조건 힙해야 한다는 분위기를 이해하지 못하기도 하는 사람이다.'

그런데 '나는 그런 사람인 것 같다.' 는 말을 저렇게 뱉어 놓고 보니, 정확히 '힙함'이나 '쿨함'의 의미가 뭔지 문득 궁금해지기 시작했습니다. 많이 쓰는 말이지만, 정확한 의미를 잘 모르겠더라고요. 검색해보니 '힙하다'는 말은 영어 단어인 hip에 한국어인 '-하다'를 붙인 말로, 새로운 것을 지향하고 개성이 강한 것을 의미한다고 하는군요. 비슷한 말로는 '핫하다', '트렌디하다' 등이 있다고. 또 '쿨하다'는 꾸물거리거나 답답하지 않고 거슬리는 것 없이 시원시원한 모양새를 뜻한다고 합니다.

정확한 의미도 알지 못하면서 뱉은 말이었지만, 과연 저는 쿨함이나 힙함과 거리가 있는 사람임을 다시 한번 확인했습니다. 언제나 그랬어요. 새로운 것보단 오래된 것, 익숙한 것과 친숙한 곳을 좋아하는 사람이었습니다. 개성이 강한 것을 극도로 꺼려서, 옷장에는 칙칙하거나 밋밋한 무채색의 옷들만 있는 사람, 자주 꾸물거리고 스스로를 답답해하는 소위 '노쿨'한 사람이었죠. 물론 일상과 저의일 뿐만 아니라 사랑을 하고 헤어질 때도 마찬가지였습니다.

언제, 어떻게, 왜 이러한 취향이 만들어졌는지는 알 길도, 설명할 방법도 없습니다. 다만 나는 빠르고 새롭고 개성이 넘치는 것이 싫을 뿐이고, 반대로 느리고 여유롭고, 잔잔하고 담담한 게 좋을 뿐입니다. 오랜 시간 공을 들여 무언가를 하거나 누군가와 대화하는 것을 좋아하고요. 거기에서 오는 것, 거기로부터 피어나는 분위기를 사랑합니다.

장인이 정성을 들여 내린 드립 커피는 두 손으로 조심스럽게 마시고, 정갈한 가정식 식당에선 턱 근육에 온 신경을 몰두 해서 먹습니다. 오랜 독자분께서 직접 빚어주신 도자기 향초 받침을 아끼고 있습니다. 오기가미 나오코 감독의 느린 영화들, 〈고양이를 빌려드립니다〉, 〈안경〉, 〈카모메 식당〉을 생각날 때마다 열어봅니다.

저는 그런 사람이에요.
느리지만 깊고, 분명한 몇몇 진심들을 좋아하는 사람.

화가 나는 건 맞는데 왜 눈물도 나오지?

드라마나 영화 이야기를 해보자면, 극 중에서 주인공이 분노를 표출하는 장면이 종종 있습니다. 어쩌면 저렇게도 멋지게 화를 내는지, 단순히 배우의 겉모습이 예쁘고 멋져서 그런 건지는 모르겠습니다만, 그런 장면을 볼 때마다 어떤 '포스' 같은 것을 느낄 수 있습니다.

저는 어떨까요? 저는 원체 얼굴을 붉히는 상황 자체를 싫어하기 때문에 일 년 중 화를 내는 날을 손에 꼽을 수도 있지만, 일단 화를 내면 몸과 목소리를 사정없이 떨고 눈물을 흘리기도 합니다. 심장이 빨리 뛰어서 이러다가 입 밖으로 심장이 튀어나와 버리는 게 아닐까? 그런 생각을 한 적도 있었습니다. 덕분에 화를 내다가 웃어버린 경험도 있을 정도입니다. 나라는 사람의 간이 애초에 작아서라고 생각합니다.

그래서일까요, 요즘은 조금 거슬리는 것이 있다거나 '지금은 확실히 화를 내도 될 상황이야!'라는 생각이 들어도 화를 내지 않습니다. '에이, 어울리지 않게 화는 무슨 화야.' 그렇게 애써 웃어넘기는 거죠. 물론 누군가가 봤을 땐 그저 호구 같아 보일 수도 있겠지만, 저는 이게 편한걸요.

하지만 언젠가는, 조금 더 센스 있게 불쾌함을 내비칠 수 있는 사람이 되기를 원합니다. 이제 화를 주체하지 못해 부들부들 떠는 것은 질색입니다. 그렇다고 바보처럼 마냥 참기만 하는 것도 왠지 지는 것 같아서 싫더군요.

중간 정도면 좋겠다고 생각합니다. 양극단의 감정선들로부터 천천히, 급하게 변하려다 체하지 않도록 올라오거나 내려오길 원합니다. 적당히 날카롭거나 멋진 표정으로, 하지만 '나 지금 화났어.'라고 말하는 메시지는 분명히 전달하게 되기를. 그 정도쯤은 어른스러운 사람이 되기를.

시종일관 도망치는 태도를 고수하는 나지만, 이 정도의 욕심쯤은 가져도 좋겠다고 생각하거든요. 사람들의 시선 때문도 드라마를 보는 데서 온 환상 때문도 아닌, 나 자신의 안녕을 위해서요.

나만
불편하고 말죠

여러분은 사람들 앞에서 주로 어떤 자세를 취하시나요? 인간관계란 어렵습니다. 저는 대학에서 인간관계론을 전공으로 들었지만, 여전히 어렵습니다.

어떤 사람은 타인을 대할 때 자신의 알맹이를 그대로 보여주지만, 저와 같은 사람들은 그게 어쩐지 불편하고 그러면 안 될 것 같아, 자신을 숨기고 그 사람이 좋아할 만한 표정을 내비치곤 합니다. 인터넷에 떠도는 말도 있습니다. 내성적인 사람은 두 갈래로 나뉜다고요. 내성적이기 때문에 말수가 정말 적은 사람과, 내성적이지만 어색한 분위기가 죽도록 싫어

속으로 울면서 떠드는 사람이 있다고 하네요.

생각해보자면 저는 늘 후자였습니다. 조용한 걸 좋아하고 쓸데없이 떠드는 걸 싫어하지만, 어쩔 수 없이 분위기를 타는 척, 지금 이 대화가 정말 흥미로운 척 말을 이어가곤 했습니다. 사소한 메뉴 결정에서부터 그랬습니다. 전날 술을 마셔서 미치도록 짬뽕이 생각나는데, 모든 사람이 자장면을 선택하면 이상하게 나도 자장면을 고르고 있었습니다. 치맥보단 피맥이 훨씬 좋은데, 역시 이런 날엔 치맥이라고 떠들고 있었습니다.

저와 같은 사람들은 자신의 마음보다도 상대방의 마음, 그리고 지금 분위기가 더 중요하다고 여깁니다. 내 가치관과는 맞지 않는 말이 오가고 있어도 '그거 아닌데요? 무슨 말씀을 그렇게 하세요?'라고 하기보단, '하하하, 그렇죠. 뭐, 그럴 수도 있겠네요.' 하고, 얼렁뚱땅 동조하는 척을 합니다. 그리곤 집에 가면서, 또는 잠들기 전에 침대에 누워 혼자 끙끙 앓는 거죠. '그때 말을 바로잡을 걸 그랬나? 아무리 생각해도 그 사람 말하는 방식은 별로야.'라고 말이죠.

세상은 넓고 사람은 많습니다. 그리고 수가 많은 만큼 유형 역시 다양해서, 나와 같지 않은 사람이 나 같은 사람보다 훨씬 많은 것은 당연한 일입니다. 다만 그 사람들과 그럭저럭 좋게좋게 얽혀서 사느냐, 아니면 아니다 싶은 것은 아니라고, 무례한 말에는 무례하다고 말하며 사느냐를 선택하는 것만큼은 개인의 선택이라고 생각합니다.

자주 나와 다른 유형의 사람들을 생각합니다. 해야 할 말, 하고 싶은 말을 다 하며 산다는 건 어떤 기분일까. 가을하늘처럼 뻥 뚫린 시원한 기분일까? 잘 때나 길을 걸을 때 마음에 근심 하나 없을까? 하고요. 당연히 아니겠죠? 어떻게 사람에게 근심 하나 없을 수 있을까요? 그러면 너무 불공평한 거잖아요. 하고 싶은 말을 다 하며 산다고 해도 그 사람 나름의 고충이 또 있을 거라고 생각합니다. 내가 하고 싶은 말을 다 했을 때 상대방의 표정이 변하는 게 실시간으로 보인다든지, 사회생활을 참 못 한다든지 하는 말을 듣는 일도 유쾌하지만은 않을 겁니다.

어떤 자세로 인간관계에 임하느냐에도 정답은 없는 것 같습니다. 다 장단이 있겠지요. 그리고 그 각각의 단점을 보완하기 위해 우리들은 끝없이 괴로워하고, 취하고, 싸우기도 하는 것이겠죠. 저 같은 경우엔 주로 혼자 푸는 편인데요, 혼자 술을 마시며 용서가 안 되는 사람을 끝끝내 용서한다든지, 도저히 친해질 수 없는 사람은 시간을 두고 천천히 멀어져야겠다, 그렇게 다짐하는 식입니다. 아주 천천히 멀어지면 그 사람도 내가 사라지는 것을 눈치 채지 못할 거야, 그렇게 조금은 바보 같은 생각을 하고 그것을 실행에 옮기는 거죠. 세상과 사람을 너무 얕보는 것 같기도 하지만 저에게는 최선의 선택이라고 생각합니다. 저는 그런 유형의 사람이니까요.

울고 싶을 때

울고 싶다

저는 거의 늘 철저하게 감정을 숨긴 채로 살아왔습니다. 어릴 때부터 칭얼거리지 않는 아이였고, 자라면서는 누군가에게 의지하기보단 누군가가 의지하는 사람이었습니다. 이상할 정도로 남에게 손해를 끼치거나, 남에게 걱정의 여지를 남기는 것이 싫었습니다. 어쩌면 저를 둘러싼 환경 때문일 수도 있겠네요. 부모님은 제가 아주 어릴 때부터 맞벌이를 하셨고, 늦은 밤이 될 때까지 뭐든 혼자 해결해야 했으니까요. 노는 것도 혼자, 먹는 것도 혼자 해야 했으니까. 하루는 배가 너무 아픈데, 어떻게 해야 할지를 몰라 안방 한가운데서 배를 움켜잡고 한참을 엎어져 있기도 했네요. 그렇다고 부모님께서 너무 가슴 아파하진 않았으면 좋겠습니다. 그게 아니더라도 여러 이유가 있었기 때문이라고 생각하고 있으니까요. 다른 아이들보다 성장이 빨랐던 내게, 친구들은 늘 의지하곤 했습니다.

"옆 반 아이가 내 물건을 가져갔는데 안 돌려줘, 그것 좀 받아 줘."

"나 사실 짝꿍 좋아하는데, 어떻게 말해야 하는지 알아? 넌 뭔가 형아 같아서."

그리고 묘하게 기대에 부응하고 싶었던 나는, 어떻게든 그런 일들을 해결해 주려 애썼던 것 같습니다. 덩치만 컸지 사실은 똑같은 여덟 살배기 꼬마였는데도요. 교복을 입게 되고 나와 비슷한 덩치를 갖게 된 뒤로도 친한 친구들은 내게 의지하곤 했습니다. 묵묵히 고민을 들어 주는 모습이 위로가 되고, 왠지 모르겠지만 입이 무거울 것 같다나 뭐라나. 사실은 그냥 말수가 적은 거였는데 말입니다.

어른이 되고 나서도 저는 늘 기대기보단 기댐을 '당하는'

쪽이었습니다. 아마 지금의 제가 감정을 숨기게 된 건, 그렇게 오랜 시간 동안 수백 수천 명의 사람이 기대왔기 때문이겠죠, 그렇게 마치 나무처럼 만들어져 온 성격일 거라고 생각합니다.

그러다 보니, 아주 가끔 마음에 이상한 것들이 넘쳐흘러 울고 싶은 날도 있었습니다. 그런 날이면 우는 일 말고는 그 무엇도 내 마음을 달래 줄 수 없을 것만 같았습니다만, 문제가 있었습니다. 저는 울 수 없는 사람이 되어버렸다는 점이었죠.

"일 년에 몇 번이나 울어?"

라고 누군가가 묻는다면, 저는 얼마 고민하지 않고 대답할 수 있을 정도로 눈물 흘렸던 날을 손에 꼽을 수 있습니다. 아아, 그만큼이나 저는 눈물샘이 말라버린 사람이 된 겁니다.

저는 일주일에 이틀 정도를 글쓰기 강의를 하며 지내고 있습니다. 6주 남짓한 기간 동안, 매주 다른 대화와 글쓰기 소재를 갖고 수강생분들과 대화하고 써보는 시간이죠. 그중 제가 가장 중요하게 여기는 시간이 있는데, 바로 자신의 힘들었던 기억에 대해 글로 써보는 시간입니다. 힘든 기억을 억지로 떠올리고, 그를 글로 쓰는 일은 당연히 힘든 일입니다. 그렇다 보니 대화를 나누고 글을 쓰는 동안 눈물을 흘리는 분들이 유난히 많았습니다. 그 모습을 보기 힘들 때도 많았고 어쩐지 미안할 때도 그만큼 많았죠. 하지만 저는 조금 더 부탁했습니다. 힘드시겠지만 조금만 더 써보시라고요. 감정을 더 쏟아내 보라고 말이죠.

한바탕 눈물 콧물을 쏙 빼가며 글을 쓰신 분들이 하나같이 하시는 말씀은 '한결 나아졌다.'였습니다. 왜, 그렇잖아요. 힘든 일에 대해서 마음 잘 맞는 친구와 눈물도 흘려가며 떠들다 보면, 조금 후련해지는 기분이 들잖아요. 저는 그런 가뿐함을 선물해드리고 싶었던 겁니다.

마음이라는 것도 썩거나 악취를 풍긴다는 걸, 저는 알고 있습니다. 내보낼 건 어떻게든 내보내야 하는 이유입니다. 지금은 괜찮아졌지만, 어느 커다란 사건들로 트라우마를 얻게 된 때가 있었습니다. 후유증은 지독했고, 어떤 방면으로는 일상적인 생활이 힘들었죠. 하지만 어느 날 '더는 질 수 없다.'라는 마음으로 그 사건들에 대해 글을 꾸역꾸역 적어냈고, 지금은 말끔히 나아졌습니다.

지금은 여차여차 소소한 슬픔을 버텨가고 있지만, 언젠가 다시 커다란 슬픔이 나를 덮친다면, 그리고 그때도 내가 울지 않고 아프다고 소리 지르지 않는다면, 저는 정말로 꺾여버릴지도 모릅니다. 그리고 그게 벌써부터 무섭습니다. 울고 싶을 때 울 수 있다는 건, 그만큼이나 중요한 일인 겁니다.

이상하게 들릴 수도 있지만, 요즘은 우는 연습을 합니다.

굳이 슬프다는 영화 몇 편을 몰아서 보거나 불 꺼진 방에 앉아 있어 보기도 합니다. 조금은 울어도 괜찮잖아요. 누구도 보지 않는 곳에서 우는 것쯤은. 그리고 조금은 기대도 괜찮지 않을까요? 정말로 가까워서 나 자신을 감추지 않아도 되는 사람에게는.

을의 연애

아이유 씨의 노래 제목이기도 하지요. 을의 연애, 을의 연애……. 소리 내어 발음해볼수록 묘하게 씁쓸한 맛이 나는 것만 같습니다. 누구나 연애 앞에서 갑이었던 적도, 을이 된 적도 있었겠지만, 저는 유독 자주 '을'이었습니다.

모르겠습니다. 나라는 사람이 자라온 환경 때문일까요? 남에게 폐를 끼치면 안 된다, 양보해야 한다, 감정을 너무 솔직히 드러내면 좋지 않다, 그런 것들을 배워왔기 때문일지도 몰라요. 물론 제 부모님께서는 제가 예의 바른 사람으로 자라길 바라셨기에 그런 가르침들을 주신 거였겠지만, 제가 그

것들을 제멋대로 받아들이고 해석해서, 을의 연애만을 하는 사람이 돼버린 건지도 모르겠습니다.

이전에 낸 책에서, 나는 에세이라는 장르의 뒤에 숨어 나의 연애담들을 자주 독자님들께 들려주었습니다. 예를 들면 이런 이야기죠.

> 그저 뭔가 잘하고 잘해 주기 위해 아등바등 애만 써 왔다. 이 문장을 쓰는데 어떤 목소리 하나가 들려온다. 누가 말했던가, '열심히 하는 건 중요하지 않아, 잘하는 게 중요하지.' 하지만 정말 그럴 수밖에 없었다. 사랑에 있어서도 그랬다. 나는 사랑하는 사람에게 그 흔한 명품 선물도 사 줄 수 없었고(정말이지 명품 선물이 연인들 사이에선 흔해져 버린 것도 사실이다. 한두 푼도 아닌데) 어깨를 한껏 펴며 뭔가를 자랑할 일이 거의 없었다. "나, 우리 아까 있었던 술집에 우산 두고 온 것 같아." 그 말을 들었을 땐 곧바로 그걸 찾기 위해 비를 뚫고 달려갔다. 우산은 누군가 가져가고 없었다. 공원에서 같이 먹는 피자가 너무 맛있는데 사이다가 없어서 아쉽다는 말을 들었을 때도 편의점을 찾아 사방팔방 뛰어다

녀야만 했다.

(중략)

사랑하기 때문에 달리고 달렸던 나. 달리는 것이 내 최선의 사랑이었던 날들. 그래서 참 볼품없기도 했다. 사이다와 우산 때문에 나는 뒤늦게 울어야만 했다.

-〈당신이 돌아눕는 상상만으로도 서운해집니다〉, 문학테라피

꼭 연애 중이 아니더라도, 그러니까 일방적으로 누군가를 좋아할 때도 저는 늘 을이 되기를 자처했습니다. 누군가는 연애를 성공시키기 위해 가장 중요한 건 자신감이라는데, 저는 애초에 자신감을 가질 겨를도 없었습니다. 아래는 몇 년 전 친한 동생과 나눈 대화입니다.

- **동생** 오빠가 왜 애인이 없는지 알았어.

- **나** 뭔데? 제발 알려줘. 고칠게.

- **동생** 방금 전에 나한테 친 개그. 그런 개그, 편하게 좀 치라고. 오빠 친구나 나한테 하듯이 그냥 편하게 개그

처. 긴장해서 진짜 요상하고 재미도 없고, 감동도 없는 개그나 치지 말고.

- **나** 야, 사람이 사람을 좋아하게 됐는데 어떻게 편해질 수가 있냐?

- **동생** 그건 그렇지만.

연애에 있어서 특정 징크스를 지닌 사람이 많다는 걸 압니다. '꼭 내가 좋아하는 사람은 날 싫어하고, 별로 마음 안 가는 사람은 또 날 좋아하더라.'라고 말하고 다니는 이들이죠. 사실 '많다'고 표현하기보단 거의 모든 이들이 그럴 거라고 생각합니다.

좋아하는 사람이 있었습니다. 앞서 말한 동료 작가들과 함께 운영했던 카페의 손님이셨죠. 그 사람과 나 사이엔 친분이 겹치는 사람이 있었기에, 나는 계산을 할 때나 커피를 내어드릴 때마다 '사천 오백 원입니다, 커피 드릴게요.' 그 뒤에 몇 마디씩의 말을 덧붙일 수 있었습니다. 하지만 그 덧붙이는 말이 지금에 와서 생각해보니 문제였던 것 같네요. 막역한 사이에선 그렇게도 잘 돌아가는 혓바닥이 호감을 품은 사람 앞에서는 뻣뻣하게 굳었습니다. 이상한 말만 해버렸어요. 바람이 선선한 사월 어느 봄날에 '요즘 날씨가 너무 덥죠?' 같은 소리나 하고 말이죠.

사실 이건 징크스랄 수도 없는 일입니다. 신경 쓰게 되고, 한 번 마음에 들인 사람들 앞에서 나는 내가 아니게 됐습니다. 날것 그대로 다가가기가 참 힘들게 돼버렸습니다. '내가 아닌 조금 더 나은 내가 되었으면' 하는 마음에, 원래의 나만도 못한 개그나 치고, 이상한 목소리나 내고(아주 잠겼거나 삑삑 두세 번이나 뒤집어지는), 조급해하고 지레짐작하고, 그러다 관계를 통째로 망쳐버리기도 하고 그러는 거였습니다. 슬픈 일이죠. 좋아서 좋지 않은 모습이 돼버리고 맙니다.

그 사람과의 이별 후, 눈물의 나날로부터 이 년 반이 흘렀습니다. 이제 모든 게 괜찮아졌느냐, 하면 사실 잘 모르겠습니다. 아직도 그 여파로 사람을 잘 못 믿게 됐거든요. 하지만 공교롭게도 그 시기를 지나오며 저는 을의 본능을 조금씩 버리게 되기도 한 것 같습니다. 무조건 사랑이 먼저, 사랑하는 사람이 먼저였던 저는, 자신도 모르는 새에 제 안위부터 챙기게 됐습니다.

혹자는 계산적인 사람이 된 거 아니냐고 할 수도 있겠지만, 원래 세상살이라는 게 그런 거 아닐까요? 아무리 좋아하더라도 가장 소중한 건 나, 우리의 행복도 좋지만 내 행복이 우선이어야 한다는 걸 전 너무도 뒤늦게 알게 됐습니다.

그렇다면 을의 연애에서 벗어나는 방법은 지독한 실연을 겪는 것뿐일까요? 물론 아니죠. 지금 저는 어쩌다 보니 좋은 방향으로 오게 됐다, '모로 가도 서울만 가면 된다.'라는 식의 말을 하는 거잖아요. 얻어걸린 거잖아요. 또 모릅니다. 앞으로의 연애에서 잠들어 있던 을의 본능이 다시 깨어나서, 나도 모르게 다시 사랑에 절절매게 될지도 모르겠습니다.

"도망치는 사람"의 세 번째 특징

나를 드러내는 걸 싫어합니다

나를 드러내야 하는 것으로부터 도망치고 싶은 사람들은,

☑ 드러내지 못할 뿐, 호불호가 명확합니다.

☑ 나의 취향을 남들에게 고집하지 않습니다.

☑ 감정을 드러내는 것에 익숙하지 않습니다.

☑ 말수가 적어 모임에서 늘 조용히 있습니다.

☑ 자신의 감정보다 분위기가 불편해지는 것이 더 싫습니다.

☑ 어색한 분위기가 싫어 조용히 있고 싶지만 흥미로운 척 대화에 참여합니다.

☑ 솔직한 속마음을 드러내는 것이 어렵습니다.

☑ 연애를 비롯한 사람들과의 관계에서 '을'의 입장이 되곤 합니다.

자주
혼자다 보니까

아주 오래전부터 전 혼자일 때가 많았습니다.

어쩔 수 없이 외로움을 탈 수밖에 없는 환경이었습니다. 화가 난 것도, 눈앞의 사람이 싫은 것도 아닌데, 어째선지 늘 긴장이 됐고 표정은 굳어졌습니다. 그러다 보니 사람들은 내게 겁을 먹거나 실망하곤 했죠. 친한 친구들도 내가 어떤 사람인지, 어떤 성향을 지녔는지 잘 알았기에, 시도 때도 없이 나를 부르는 일은 없었습니다. 저 역시 저에 대한 그런 인식에 크게 상처받지 않았습니다. 오히려 고마웠죠. 나를 잘 몰라서 나를 혼자 두는 사람들, 그리고 나를 잘 알기 때문에 혼자 두는 사람들 모두에게요. 구태여 노력해서 서로가 어색한 시간을 보낼 생각을 안 해 줘서, 그리고 나를 아주 깊숙이 배려해 줘서 고마웠습니다. 덕분에 나는 무사히 굴속으로 들어온 어떤 동물처럼 편안한 시간을 보낼 수 있었습니다.

하지만 저에게도 청개구리 또는 고양이 같은 부분이 있는 것 같더군요. 사람들이 막상 저를 내버려 두면, 오히려 사람을 그리워하곤 했거든요. 조금만 더 화나게 하면 나 집에 가버릴 거다? 나 간다? 진짜 간다? 하면서 계속 집에 가지 않는 초등학생처럼요.

당연한 이야기 같겠지만, 그렇게 별안간 외로워진 날, 이상하게 쓸쓸한 날에 만날 사람은 없었습니다. 내가 외로울 때만 놀아달라고 누군가에게 부탁하는 건 참 이기적인 태도잖아요. 그렇게 선택적으로 관계를 주도할 정도로 당당한 사람도 아니고요.

그런 날이면 저는 허적허적 산책하기도 했고, 평소보다 일찍 불을 끄고 눕기도 했습니다. (그런다고 일찍 잠드는 일은 없었지만) 우연한 사고 같은 만남을 바라기도 했고, 옛날에 나를 스쳐 간 친구들, 연인들을 밤늦도록 추억해보기도 했네요. 사람들이 외로울 때마다 흔히들 하는 행동들 말이에요.

부정할 생각은 없습니다. 솔직히 말하자면, 저는 사람들이 저를 좀 내버려 뒀으면 좋겠다고 생각하다가도 별안간에 외로움을 타는 사람입니다. 아무리 혼자가 편한 사람이더라도, 사람은 사람이니까요. 사람은 사회적인 동물이잖아요.

나도 대화에
끼워 줘!

학교에 다닐 때도, 어른이 돼서 술자리에 있을 때도 나는 대화의 중심에서 먼 쪽이었습니다. 아주 어렸을 적부터 그랬던 것 같네요. 우리 아빠 차는 그랜저다, 마징가다 하고 떠들 때도 듣고만 있었던 것 같습니다. 그들 중 한 아이하고는 같은 초등학교의 같은 반까지 함께 올라갔던 것 같은데, 어쩌면 그렇게 나이를 먹을수록 말을 점점 더 잘하는지요. 어떻게 하면 호감을 얻을 수 있는지를 알았던 그 아이는 보란 듯이 반장 자리까지 꿰차더군요. 그야말로 승승장구였죠.

나는 그런 사람들을 잘 압니다. 한눈에 알아볼 순 없지만,

몇 마디 대화를 섞어보고 조직에 적당히 적응하고 나면 알 수 있습니다. 그들이 지닌 특별한 분위기와 매력을요. 설사 그런 사람이 아니더라도 충분히 '매력적인 조연' 역할을 톡톡히 해내는 사람들도 많습니다. 대화의 핵이 되는 사람의 주변으로 행성들처럼 모여들어 호응하고, 대답하고, 함께 웃는 사람들이요. 그 사람들 역시 대화의 흐름에 위화감이 없이 아주 잘 녹아들곤 합니다.

하지만 맨 처음에 말씀드렸듯, 저는 늘 대화의 중심에서 먼 곳에 있었습니다. 분, 초 단위로 바뀌는 대화의 흐름을 파악하기가 제게는 얼마나 어렵던지. 물론 억지로 그 사람들을 '흉내라도 내듯이', 나답지 않은 표정과 목소리로 대화에 끼어들어 본 적도 있었습니다. 결과는……. 생각하기도 싫군요. 좋았던 적이 거의 없거든요. 사람들은 마지못해 호응해 주거나 웃어주는 것 같았습니다. 분위기는 또 어떻고, 저는 언젠가의 5년과도 같은 5초간의 정적을 아직도 잊지 못하고 있습니다. 나름대로 마음속엔 떠들 것들이 한가득하였는데 말이에요.

'대화를 주도하는 건 내게 어울리지 않아.' '그럴 필요 없어.' '또 끼어들었다가 무슨 꼴을 당하려고.' 그런 생각들을 하며 체념한 채로 하루하루를 보내고 있지만, 가끔은 조금 외롭기도 했습니다. 아니, 조금 많이 외로웠던 것 같아요.

사람들 속에 어정쩡하게 섞여서 그런 시간을 보내고 돌아오는 길. 왜 꼭 그런 길 위에서는 멋들어진 말이나 나름의 필살 유머 같은 것들이 뒤늦게 떠오르는 걸까요? 들어 줄 사람도 이젠 없는데 말이에요.

"다시 생각해 봐도 신기해. 그 사람들은 어쩜 그럴까?"

"센스 있게 열고 닫히는 대화들, 분위기를 휘어잡는 무언가."

그들과 나의 차이, 내가 갖지 못한 그들의 무언가를 부러워하고 억지로 닮아보려 애쓸수록 나는 초라해졌습니다. 손가락으로 가리킬 수 없는 어딘가가 체한 것만 같았달까. 조금이라도 대화에 참여하고 싶은 마음은 여전하지만, 그렇다고 어울리지도 않는 말과 행동을 하기에도 무서운 지금. 나는 반쯤만 포기한 상태입니다. 문은 닫아두었지만 닫힌 문 앞에서 떠나지는 못하고 있습니다.

그래서일까요? 요즘은 작은 바람 하나를 품고 살아가고 있습니다. 나와 함께해 주는 사람들이 아주 조금만이라도 나를 생각해 줘서, 대화 중간 중간에 '넌 어떻게 생각해?', '마음에 들어?' 하고 물어봐 주기를요. 그래서 내 목소리에 아주 잠시만이라도 귀 기울여 주기를요. 그들이 나를 놓지 않았으면 좋겠다, 하고 말이죠.

이것마저도 너무 큰 욕심인 것 아닐까? 라고 스스로 되뇌어 보는 절 발견하곤 역시 난 나답다고 생각하곤 합니다.

계절
타나 봐

가을이 성큼 다가온 지금, 연애 이야기를 조금 해볼까 합니다. 예쁜 옷을 입고 사랑하는 사람을 만나기에도, 시린 옆구리를 붙잡고 힘껏 외로워하기에도 좋은 계절이니까요. 가을 탄다는 말도 있잖아요?

9월 중순. 세상에 이렇게나 외로운 사람이 많았던가, 저는 매일 깜짝깜짝 놀랍니다. 왜 사람들은 유독 가을에 외로움을 느끼는 걸까요? 그리고 저는 왜 이렇게 새삼스럽게 놀라는 걸까요? 그건 아마도 제가 사계절 내내 외로워하는 사람이라서 그러는 건지도 모르겠습니다.

저는 외로움 쪽에서는 아주 유난스러운 구석이 있어서, 봄, 여름, 가을, 겨울을 다 타는 것 같거든요. 봄에는 꽃구경 같이 갈 사람이 없어서 외로웠습니다. 몸이 열이 많아 일 년 중 가장 힘들어하는 여름에는 징징댈 사람 하나 없어서 그랬고요. 가을엔 가을이라. 겨울엔 또 겨울이라 그랬습니다.

"그럼 누구라도 만나면 되잖아? 뭐가 그렇게 어려워?"

당연히 이런 말도 많이 들었죠. 정말 그런 건지도 모르거든요. 실제로 주변을 둘러보면 외롭다 싶을 때마다 잘만 사람을 만나고 다니는 친구들을 심심찮게 볼 수 있습니다. 하지만 누군가에겐 쉬운 일이겠지만 저 같은 사람들에겐 정말 어려운 일이거든요.

매일같이 외로움을 타면서 정작 연애를 하지 못하는 데에는 복합적인 이유가 있는 것 같습니다. 저는 '내성적인' 사람입니다. 외롭다고 해서, 또 누군가가 마음에 든다고 해서 곧바로 뭔가를 행동에 옮기거나 말을 걸 수 있는 사람이 아닌 겁니다. 아주 오랜 시간을 들여 지금 내가 외로워해도 되는 건지, 사실은 다른 이유로 힘든 건 아닌지, 외로운 게 맞다면 어떻게 이 외로움을 해소할 건지, 누구를 만날 건지에 대해 굉장히 심사숙고합니다. 그러다 보면 이전보다도 더 겁을 집어먹게 되어 만남을 포기하거나, 그 과정들이 너무 귀찮게 느껴져 차라리 외롭고 말자고 타협을 하게 되는 겁니다. 그 다음으로는 효과적 측면에서의 이유입니다.

'연애한다고 외로움이 해소될까?'

언젠가부터 이러한 의문을 가슴 깊숙한 곳에 품고 살아왔습니다. 그랬거든요, 누군가가 나를 사랑해 줄 때도, 또 나도 이 사람을 진심으로 사랑하는 와중에도 가끔은 외로웠습니다. 그 외로움은 아주 오래전부터 만성적으로 만들어져 온 것이라서, 비교적 최근에 품게 된 연애로는 완벽히 해결되지 못하는 거였어요. 원초적인 외로움이라고 해야 할까요? 지나간 연인들이 만에 하나라도 이 문장들을 읽는다면 미안하겠지만, 사실입니다. 연애로도 해결되지 않는 외로움이 있었어요. 그리고 나는 어차피 연애로도 다 해소되지 않는데, 굳이 애써서 새로운 관계를 구축해야 하는 걸까? 하고, 나름대로 결론을 내려버린 겁니다. 어떻게 보면 또 도망치는 건지도 모르겠지만요.

이제는 외로움이 익숙해진 지경에 이르렀습니다. 그냥 그러는 거예요. 봄에 외로우면 '아~ 외롭다. 나 봄 타나 봐.' 하고, 겨울에 외로우면 '아~ 나 겨울 타나 보다.' 하면서, 타령하듯이 말하곤 그냥 가만히 있는 거. 이게 잘살고 있는 건지는 사실 잘 모르겠지만요.

혼자는
은근히 재미있다

혹시 혼자 밥 잘 드시나요? 혼자 영화를 보는 일은요?

간혹 가다 보면, 절대 못 해요, 그렇게 대답하는 사람도 있더라고요. 실제로 그런 사람들은 차라리 굶을지언정 혼자서는 절대 밥을 먹지 않고, 영화는 당연히 두 명이 보는 것으로 여기더군요. 왜 그런 건지는 각각의 자세한 사정을 들어보지 않아 잘 모르겠지만, 나는 사랑이 가득한 사람들이라는 생각을 했습니다. 그만큼이나 주변에 밥 한 끼 같이 먹을 사람, 영화 보고 놀아 줄 사람이 많다는 거잖아요.

한때는 저도 그와 비슷한 사람이었던 것 같습니다. 주변에 사람이 많다는 말은 물론 아니고요. 조금 더 자세히 말하자면, 매번 혼자 뭔가를 하는 것을 난처해하는 사람쯤으로 말해둘 수 있겠네요. 중학교나 고등학교 때는 '혼자 먹는 괴로움'에 대해 별다른 생각이 없었습니다. 왜냐면 이 중학교, 고등학교라는 조직은 다 같이 한 번에 수업을 듣고, 한 번에 밥을 먹는다는 특징이 있었기 때문이죠. 심지어 제가 다녔던 학교들은 급식실도 없었기 때문에, 밥은 당연히 반 친구들과 함께 먹을 수밖에 없었습니다.

문제는 대학교에 다니면서부터였죠. 각자가 강의 시간표를 짜야 하는 대학교의 특성상, 모든 학생이 한꺼번에 밥을 먹는 일 따위는 없었습니다. 이때부터 밥을 혼자 먹지 않기 위해서는 몇 가지 조건이 필요했는데요.

1. 강의를 같이 듣는 사람이 있는가?
2. 공강(비는 시간)이 같은 사람이 있는가?
3. 그 사람과 밥을 같이 먹을 수 있을 정도로 친한가?
4. 무엇보다도 그들과 함께일 때 내 마음이 편한가?

참 복잡하기도 하죠? 사실 밥쯤이야 눈 딱 감고 혼자 먹든, 같이 먹든 상관없는 것 같기도 하고 말이에요. 제 스스로가 느끼기에도 위의 조건들을 헤아리는 게 언젠가부터 참 피곤했습니다. 그래서 결심한 거예요. '내키진 않지만 혼자 먹어 보자.'라고요.

처음에는 이게 참 눈치도 보이고 괴로웠습니다. 뭐든 처음이 어려운 법이잖아요. 아마 이건 다른 사람들도 충분히 공감할 거로 생각되는데, 어쩌면 그렇게 혼자 밥 먹을 만한 곳이 없던지요. 웬만한 식당의 맛있는 메뉴들은 전부 2인분부터였고, 그렇지 않은 곳이라고 해도 북적거리거나 혼자 앉을 만한 테이블이 있는 곳은 거의 없었습니다. 어찌어찌 식당에 들어가 주문이라도 하려고 하면 입술은 왜 그렇게도 안 떨어지는지. 또 용기 내서 말을 꺼내면 종업원분들은 왜 그렇게도 내 목소리는 못 들으시는지. 우여곡절 끝에 음식을 받아 들고 나서도 마음은 편하지 않았던 것 같아요. 먹는 내내 주변 손님들을 계속 의식하게 되더군요. 혼자 먹고 있는 사람은 나뿐인 건가, 하고요. 그땐 참 자주 체하기도 했던 것 같습니다.

그리고 그렇게 몇 년이 지났습니다. 그 사이에 군대를 다녀왔고 대학을 졸업했습니다. 짧고 길게 어딘가에 소속되어 일해보기도 했고 결국 전업 작가가 되어버렸네요. 그런 시간을 지나오면서, 혼자서 무언가를 해내야만 하는 순간이 많았습니다. 대학교에 다닐 때보다 훨씬 더 많았죠. 그러다 보니 이젠 무뎌진 건지, 아니면 그 안에서 오묘한 매력을 찾게 된 건지, 오롯이 나의 시간에 집중하게 된 것 같네요.

혼자 밥을 먹기에 좋은 (어쩌면 혼자 먹어야 더 진가를 발휘하는) 음식점을 몇 군데 알게 됐습니다. 혼자 영화를 보기 좋은 시간, 미술관에 가기 좋은 계절을 알아요. 혼자 술을 마실 줄 아는 건 제 자랑이기까지 한걸요. 둘러보면, 그리고 생각해보면, 몇 년 전보다 혼자 밥을 먹을 만한 식당이 많아진 것을 느낍니다. 또 고독한 미식가 아저씨가, 혼술남녀라는 드라마에 나오는 그 남자가, 조조와 심야 영화, 왓챠와 넷플릭스가 인기는 끌었고 끄는 것은, 아무래도 나 같은 사람이 적지는 않다는 뜻이겠죠.

"도망치는 사람"의 네 번째 특징

혼자 있는 걸 즐기지만 때때로 외롭습니다

인간관계의 두려움과 외로움에서 도망치고 싶은 사람들은,

☑ 혼자 있는 것을 즐기지만, 문득 외로워지곤 합니다.

☑ 사람들과의 대화에 끼고 싶지만, 그럴 용기는 쉽게 나지 않습니다.

☑ 외롭다는 말을 달고 다니지만, 정작 사람을 만나는 일을 쉽게 결정하지 않습니다.

☑ 혼자서 밥을 사 먹거나, 영화를 보는 일, 등등 혼자 해야 하는 것에 막연한 두려움을 느낍니다.

☑ 하지만 막상 혼자서 해야 하는 일을 하게 되면 익숙하게 잘 해내곤 합니다.

잠 못 이루는 밤

돈 많은 사람, 먹어도 살 안 찌는 사람, 잘생긴 사람도 다 부럽지만, 내가 가장 부러워하는 사람은 따로 있습니다. 바로 머리만 대면 잠드는 사람들입니다. 저는 아무리 피곤해도, 밤샘 작업을 한 뒤에도 쉽게 잠들지 못하거든요. 이유는 잠귀가 밝다든지 빛에 민감하다든지 한 게 아닙니다. 오직 하나, 바로 걱정 때문이에요.

대단한 것 없는 사소한 걱정들은 매일 밤 날 괴롭힙니다.

'내일 뭐 입지? 뭐 먹지? 어디로 가서 뭘 어떻게 하지?'

'다음 달에 결혼식 사회 봐주기로 했는데, 이걸 언제 연습하지?'

'정말로 그날이 오면 어쩌지?'

이런 아주 사소한 걱정들, 그리고 비교적 먼 미래의 일에 대해서도 나는 계속해서 걱정했습니다. 정말 웃긴 건, 걱정은 걱정대로 하면서도 행동하는 건 없었다는 겁니다. 그저 발만 동동 구르며 불구경을 하는 모습과 같았다 할까요? 걱정거리가 있으면 해결을 하면 그만인 건데 말이죠.

'유비무환'이라는 말이 있습니다. '평소에 준비가 철저하면 후에 근심이 없다.'라는 뜻을 지닌 고사성어죠. 저는 한편으론 이 유비무환이라는 말을 무턱대고 믿는 사람이기도 합니다. 얼마 전에 친구 결혼식의 사회를 볼 때도 그랬습니다. 저는 결혼식이 있기 한 달도 훨씬 전부터 걱정하고 호들갑을 떨었습니다. 정작 결혼을 하는 당사자인 친구는 가만히 있는데도 말이에요.

"사회자 대본 언제 줄 거야? 나 말 더듬으면 어떡하지?

조용히 하고 내가 하는 거 들어봐, 어때, 더 빠르게 할까? 아니면 더 느리게?"

날짜가 가까워질수록, 제 정신 상태는 점점 더 피폐해졌습니다. 거의 일상생활이 안 될 정도로요. 모든 대화의 흐름도 다 결혼식 사회 이야기 쪽으로 가더라고요. 미팅하다가도 제가 곧 결혼식 사회를 보는데요. 오랜만에 만난 친구와 인사를 하다가도 내가 곧 사회를 보는데 말이야…….

그런데 그거 아세요? 유비무환이라는 말이 항상 유효한 건 아니라는 사실. 누군가는 오히려 준비가 너무 과하고 걱정만 점점 더해 일을 망치기도 한다는 사실을요. 제가 했던 결혼식 사회가 바로 그랬습니다. 머릿속에서 시뮬레이션으로 그렸던 예식장과 너무도 다른 구조, 그리고 생각했던 것보다도 훨씬 많이 온 하객들이 제 멘탈을 미친 듯이 흔들었습니다. 결국은, 아주 시원하게 말아먹어 버렸죠. 말을 더듬는 것은 물론이요, 식순 하나를 통째로 생략하려 하기까지.

넘어야만 하는 산이 있는 시기, 크고 작은 것들이 내 심기를 건드리는 이런 시기면 나는 묘하게도 도망치는 꿈, 뭐가 됐든 일단 덮어두는 꿈만 꾸곤 했습니다. 그리고 다음 날 아침엔 어김없이 피곤함에 찌든 상태로 후회해야만 했습니다. 걱정을 좀 적당히 하거나 아예 안 하면 되지 않느냐고요? 걱정을 해서 걱정이 없어지면 걱정이 없겠네, 그런 티베트의 속담도 있지 않냐고요? 그게 어디 마음대로 되나요. 저는 이렇게 만들어진 사람인걸요.

사람 하나
제대로 못 만나고

앞에서 제가 말씀드린 것 기억하시나요? 저는 자주 외로움을 타지만, 그렇다고 쉽게 연애를 하진 못한다고요. 누구를 만날 건지에 대해 굉장히 심사숙고하다가 그만두곤 했다고요. 그건 비단 연애 문제에만 해당되는 일이 아닌 것 같습니다. 사람 사귀는 일 자체가 제게는 어려운 일인 것 같아서요.

조금 쉽게 생각할 수도 있는 건데, 사람을 사귈 때 수많은 것들에 대해 걱정해야 했습니다.

'이 사람이 원하는 걸 내가 충족 시켜 줄 수 있을까? 반대로도 마찬가지일까?'

'이 사람, 내가 정말 싫어하는 말과 행동을 하면 어쩌지? 또 내가 그러면 어쩌지?

'본심을 숨기고 있는 건 아닐까? 언젠가 내 뒤통수를 치는 건 아닐까…….'

아주 어렸을 때부터, 그러니까 TV에서 〈퀴즈탐험 신비의 세계〉를 봤을 때부터, 묘하게 사자 같은 포식동물들보다는 도망 다니고 잡아먹히는, 가젤 같은 초식동물들에 감정이입이 됐습니다. 잘은 모르겠지만, 이상하게 당하는 쪽의 입장에 끌렸던 것 같아요. 조용하고, 노심초사하는 모습이 꼭 저 같았기 때문이었을까요? 그러고 보면 초식남이라는 말도 괜히 있는 건 아닌 것 같네요. 아무튼, 저는 선천적 체질 때문에 사람을 경계하기도 하고, 몇 번쯤 사람에게 데었던 기억 때문에 사귐을 두려워하기도 합니다. 초식동물처럼 언제 배신이라는 놈에게 발각될지 몰라, 언제 또 다칠지 몰라 불안해하는 거죠.

좀처럼 사람을 사귀기 어려워하지만, 사귐의 깊이는 남다릅니다. 조금 더 사려 깊게, 멀리 보는 관계를 만들 수 있다고 생각합니다. 너무 자기합리화, 요즘 말로는 정신승리를 하는 것 같기도 하지만, 저는 그렇게 생각하고 싶습니다. 그렇게 믿으면 제 사람들이 더 반짝이게 될 것 같기도 하고요.

바보로
보일까 봐서요

살다 보면 이건 틀림없이 악순환이야, 나는 악순환에 빠져들었어, 그렇게 느껴지는 순간이 가끔 있습니다. 저의 경우에는 책을 쓸 때가 그렇습니다. 구상이 막혀서, 잘 써지지 않아서 하루 글쓰기를 미루면, 그다음 날에는 그 답답함에 조급함까지 더해져서 더 힘들어집니다. 그래서 하루 더 미루면 더 힘들어지는 거예요.

또 더위가 그렇습니다. 저는 몸에 열이 너무도 많고 땀구멍도 넓어서 여름마다 고생합니다. 거기다 소심하기까지 하니까, 거의 사람이 미쳐버리는 겁니다. 땀도 열도 많은 사람이 소심하기까지 하면, 그야말로 악순환이 발생하거든요. 몸에 열이 많으니, 조금만 더워도 땀이 납니다. 그런데 '나는 지금 땀을 흘리고 있다, 몰골이 말이 아니다.'라는 생각을 하면, 온몸에 열이 확 오르게 되지요. 그러다 보면 땀이 또 나고, 그러면 또 당황하고…….

글쓰기와 더위만큼은 아니지만, 매일의 일상에서 은근하게 저를 괴롭히는 악순환이 있습니다. 바로 '눈치의 악순환'입니다. 저는 필요 이상으로 눈치를 봅니다. 타인의 눈에 나는 어떻게 보일지를 늘 걱정하는 거죠. 혼자 잘만 밥을 먹다가, 우연히 같은 공간의 누군가와 눈을 마주치면 악순환은 시작됩니다.

'뭐야, 방금 뭐지? 나 왜 본 거야? 혼자 밥 먹는다고 그러는 거야? 나 오늘 못생겼나?'

그런 식으로, 사실은 별 의미도 없을 눈 맞춤에 저는 끊임없이 의미부여를 하게 됩니다. 그러다 보면 숟가락질이나 씹는 행위가 부자연스럽게 되고, 그러다 보면 사래에 들리거나 식기를 떨어뜨리게 되는 겁니다. 그 뒤로는, 아시겠죠? 더, 더 고장이 나는 겁니다.

저와 닮은 사람들은 알 거예요, 이게 얼마나 힘든 상황인지 말이에요.

태풍을 기다리며

아주 오랜만에 태풍 소식이 들려올 때쯤이었습니다.

남들은 그 정도까지 하진 않는데, 저는 필요 이상으로 걱정을 하고 부랴부랴 바쁜 시간을 보냈습니다.

"친구야, 창문에 테이프를 붙여야 할까?"

"나 수업 있는 날에 딱 맞춰서 서울을 통과하네. 수업 취소해야겠지?"

그렇게 걱정 하던 중에 가만히 제 말을 듣고 있던 동료 작가는 왜 그렇게 호들갑이냐며 나를 나무랐습니다. 마치 태풍을 기다려온 사람 같다고요. 하지만 그렇게 꾸지람을 듣고 나서도 저는 밤늦게까지 걱정을 하고 안절부절못했습니다. 그렇게 에너지를 다 쏟아내고 나서야 침대에 누웠습니다. 그리고 생각했습니다. 나, 왜 이러는 걸까.

곰곰이 생각을 이어가 보니, 어쩐지 태풍에 관한 기억이 흐릿했습니다. 태풍이 온다는 게 크게 실감이 나지 않았습니다. 태풍뿐만이 아니었어요. 지난겨울에는 신기하게도 눈이 별로 오지 않았고 (폭, 설, 이라고 소리 내어 발음해보았습니다만, 역시 생경했어요.) 며칠 전에 지나간 여름도 최근 몇 년 사이의 여름 중에서는 가장 순한 것 같았습니다.

가을엔 별로 외롭지 않았고 봄엔 별로 설레지 않았어요. 지나갔던 최근의 로맨스들도, 나를 크게 울린다거나 땀 흘리게 하지 않았죠. 이쯤 되면 나라는 사람의 세상 만물에 대한 역치가 필요 이상으로 높아진 게 아닌가 싶기도 했습니다.

조금 무서운 것 같았습니다. 어쩌면 온종일 태풍에 대해 걱정했던 것도 그것 때문인 것 같았습니다. 사람이 죽을지도 모르는 기상 현상을 대수롭지 않게 여기다가 홀로 죽음을 맞진 않을까, 그런 엉뚱한 상상을 하기도 하고, 누군가의 진심에도 콧방귀를 뀌는 껍데기가 될까 봐, 겁을 먹게 되진 않을까 하고요. 한때는 남보다 훨씬 예민한 것 같아서 그랬는데, 요즘은 그게 전보다 훨씬 둔해진 것만 같아서요.

'지금 올라오고 있는 태풍은 적당히 요란스러운 세기로, 사람이 다치지 않을 정도로만 덮쳐 왔으면 좋겠다. 태풍이 왔구나, 하고 알아챌 수 있도록. 그래서 내가 다시 조금은 예민해질 수 있도록.'

그날은 그렇게 생각하며 잠자리에 들었습니다. 걱정이 많아서 걱정을 하더니, 또 전보다 덜 예민해진 것 같아서 걱정하다니요. 별걸 다 걱정하고 있군요.

"도망치는 사람"의 다섯 번째 특징

걱정이 많습니다

나를 둘러싼 수많은 걱정으로부터 도망치고 싶은 사람들은,

- ☑ 잠들기 전 내일의 걱정들로 잠을 이루지 못합니다.
- ☑ 하지 않아도 될 걱정을 사서 하기도 합니다.
- ☑ 사람들과 아주 천천히, 그리고 신중하게 친해집니다.
- ☑ 타인의 시선을 너무 많이 의식해서 필요 이상으로 눈치를 봅니다.
- ☑ 걱정할 거리가 없다는 것 자체를 걱정하기도 합니다.

2장

도망치는 사람들에 대해서

어쩌다 보니 '나의 산전수전 일대기'와 같은 느낌으로 이야기들을 늘어놓은 것 같습니다. 나라는 사람에 대해 정리해 보는 시간이 필요했습니다. 내성적인 성격에 누군가에게 나를 드러내지 않고, 익숙한 일상이 계속되기를 바라는 저는 무엇인가로부터 도망치고 싶은 사람이라고 생각했습니다. 익숙하지 않은 새로운 일들이나, 사람과의 관계, 외로움이나 걱정 같은 것들로부터 도망치고 싶었습니다. 지금 불편한 이 상황에서, 낯선 이 사람과의 관계로부터 피하고 미루고 싶은 마음이 세상에 보편적 가치들에 비추어 볼 때 '아 나는 부족한 사람이구나.'라고 스스로 생각하게 만들더군요. 나의 이러한 우유부단하고 내성적인 면면이 나를 망가뜨리거나 행복하지 않은 곳으로 데려가지 않을까 하는 걱정이 있습니다.

그러면서 한편으로는 나의 내성적인 면이, 나를 불편하게 하는 것으로부터 도망치고 싶은 마음이 틀린 것일까? 나와 비슷한 생각을 가진 사람들 역시 나와 같은 생각을 하는 걸까? 라는 의문이 들었습니다. 내성적이어서, 그래서 도망치고 싶은 사람들이란, 어떤 유형의 성향이 아니고 반드시 고쳐야만 하는 심리적인 질병 같은 것인지 스스로 많이 고민했습니다.

문득 외로운 싸움을 하는 느낌이 들었습니다. 나만 너무도 고군분투하고 있는 게 아닐까 하고요. 인생이라는 것은 그저 자신에게 주어진 흐름에 몸을 맡기면 되는 걸 수도 있는데, 나만 너무 진지하게 이것에 대해 오래 생각하고 있는 게 아닐까? 그냥 생긴 대로 살면 되는 걸 수도 있잖아?

확실히는 알 수 없지만, 미래 저 너머에 '무언가가 더 있다.'라는 느낌을 받을 때는 있습니다. 저는 지금이 꼭 그렇습니다. 이게 삶의 전부라기엔 세상이라는 건 너무도 복잡하고, 수억 가지의 마음과 요소들이 뒤섞여 있지 않나요? 그리고 또 이게 삶의 전부라면, 산다는 것은 너무도 허무하고 별거 없지 않을까 하는 마음입니다.

압니다. 나 이외의 세상 모든 사람들도, 그러니까 아무리 낙천적인 사람일지라도 가끔은 자신이 가고 있는 방향이 옳은 방향인지를 고민하고 되돌아보겠죠. 다만 궁금했습니다. 그리고 배울 수 있다면 배우고 싶었습니다. 또 나처럼 힘들어하고 있다면, 함께 정답을 찾아보고 싶었습니다.

> "인터뷰이 몇 분을 찾고 있어요. 거창한 건 아니고요, 그냥 저와 차 한 잔 마시면서 이런저런 이야기를 나눠 주시기만 하면 됩니다. 본인의 고민에 대해 솔직하게 말씀해 주실 분을 찾아요. 수도권에 계신 분이라면 좋겠습니다. 좋은 이야기가 있으시다면 연락 주세요!"
>
> (게시물 작성 시간 2019년 7월 11일 오후 9시)

소셜 미디어의 힘을 빌려, 완벽한 타인이었던 이들과 대화할 자리를 만들었습니다. 감사하게도 수많은 분께서 지원해 주셨고, 다는 아니어도 몇몇 분을 모셔서 이야기를 나눌 수 있었습니다.

무엇으로부터 도망치고 싶은, 어쩌면 저와 비슷한 생각을 하고 어려움을 겪었던, 그리고 지금은 자신만의 방법으로 자신의 삶을 살아가는 분들의 이야기를 듣고 싶었습니다. 그 이야기와 기록은 분명 힘들어하고 흔들리는 저를 비롯한 많은 사람에게 어떤 메시지를 줄 수 있을 거라 생각했습니다.

버티고 이겨내는 게 정답이라고 생각했어요

휘명 안녕하세요. 인터뷰를 함께해 주셔서 감사해요. 자기소개 좀 부탁드릴게요. 자유롭게요.

A 안녕하세요, 저는 얼마 전까지 한국에서 지내다가 가족들이 살고 있는 호주 멜버른으로 넘어온, 스물일곱 살 A라고 합니다. 연기를 하고 있고요, 일단은 프리랜서라고 할 수 있겠네요. 아, 처음부터 연기를 전공하고 싶었던 건 아니었어요. 호주에서 고등학교에 다닐 때부터 순수미술을 공부했어요.

휘명 음. 미술을 전공하셨지만 지금은 연기를 하신다니, 독특한 이력을 갖고 계시네요. 그것들에 대해 조금 더 이야기를 듣고 싶은데요?

A 왜 그랬던 건지는 아직도 모르겠지만, 저는 미술을 할 때가 정말 좋았어요. 살아 있는 게 느껴지는 기분이었다고 할까요. 미술, 그리고 나아가 예술 전반에 대한 고민이 자연스레 점점 깊어졌던 것 같아요. 그러다 조금 더 적극적인 예술을 해보고 싶어져, 가수와 배우를 준비하기 시작했어요. 아마 그때쯤 한국으로 넘어갔던 것 같네요.

휘명 연예인이 꿈인 학생들이 참 많잖아요. 치열한 경쟁에 대한 두려움은 없었고요?

A 겁이 없었던 것 같아요. 과정도 꽤 순탄했던 것 같고요. 예뻐 보이려 노력하는 사람들 속에서 저 혼자만 예쁜 척을 안 해서 그랬는지, 비교적 쉽게 기획사에 들어갈 수 있었죠. 걸그룹으로 데뷔할 기회를 얻을 수도 있었고

요. 그땐 그렇게 생각했어요. 나 스스로 용기를 내고 과감하게 도전했기 때문에 얻어낸 성과인 거라고요. 지금은 조금 다른 생각이에요. 돌아가신 아버지의 무조건적인 사랑과 응원이 컸던 것 같거든요.

휘명 지금은 아이돌이나 본격적인 연기 생활을 하지는 않으시는 것 같은데, 어떤 이유인지 여쭤봐도 될까요?

A 저는 늘 스스로를 겁이 없는 사람이라고만 생각했어요. 그런데 막상 데뷔가 다가오니까 겁이 많이 나더라고요. 결국, 코앞에서 데뷔를 미뤘어요.

휘명 데뷔를 미룰 정도면, 엄청 겁이 났었나 봐요?

A 저는 호주에서 청소년기를 보냈기 때문에, 학교폭력이랄지 일진 같은 것들을 본 적이 없었어요. 그런데 한국에서 그걸 처음 보게 된 거예요. '데뷔 조'라고 하죠? 함께 연예계 생활을 해나가야 하는 팀 안에서 불화가 있었어요. 괴롭힘이라고 해야 더 정확할까요? 저는 그걸

지켜보는 게 너무 힘들어서 그 팀과 기획사를 나와야만 했어요. 모르겠어요. 그땐 그렇게 과감하게 결정하게 되더라고요. 아마 그때까지도 스스로에 대한 믿음이 강했고, 용감함도 있었나 봐요.

휘명 이야, 스스로에 대한 믿음과 용감함이라니, '대놓고 소심한' 저와는 거리가 있는 단어들이네요. 부러워요.

A 딱히 부러워하실 만한 것도 아닌 것 같아요. 아마 그때부터 '힘 빼기'를 못 했던 것 같거든요. 그렇잖아요, 보통의 한국 청년들에겐 조건 때문에, 사회적 흐름 때문에 살아가는 데에 선택의 여지가 많지 않아요. 그래서 만족하지 못하는 것과는 다르게, 저는 그때까지 원하는 대로 살고 선택해 왔던 것 같아요.

휘명 그런 부분이 있긴 있었던 것 같네요.

A 그러다 보니 이제는 마음대로 뭔가를 저질러버린 뒤에 해야 하는 뒷감당이 버겁게 느껴져요. 얼굴과 어깨에 힘

을 주고 내가 했던 결정이랄지 신념을 지키기 위해 그 힘을 유지하는 게 점점 어려워지더라고요. 사실 뒤에서는 벌벌 떨고 있는 건데 말이에요. 또 자신의 걸음과 선택에 대한 확신이 점점 줄어들고, 아직 이렇다 할 결과가 없는데 마음만 조급해지니까, 그것에 대해 불안함을 가질 수밖에 없는 것 같아요.

휘명 용기를 낸다고 해서 모든 일이 성공적으로 흘러가는 것도 아닐 테니까요.

A 맞아요. 막상 용기를 냈는데 상처를 받는 경우도 있을 테고요. 그게 일이 됐든, 연애가 됐든 말이에요. 물론 전에는 어떤 긍정적인 믿음 같은 게 있었어요. 무슨 일이 됐든 실패하고 나면 다음은 이번보다 더 나을 거라는 믿음이요. 더 나은 무언가가 기다리고 있으니까 괜찮은 거라고. 그런데 이제는 조금 지쳐버린 것 같아요. 기다란 터널의 끝을 알려 주는 내비게이션이 있는 것도 아니고.

스스로가 보기에도, 또 주변 사람들이 보기에도 제 인생은 변화가 심했던 것 같아요. 늘 도전하는 성격 때문이었을까요? 이게, 변하는 패턴이 있는 것 같아요, 변했다가 굳어지는 것의 연속이었으니까요. 누구나 그런 건지는 몰라도요.

그래서 그런지 모순적인 성격들이 얽혀 있게 된 것 같아요. 제 어느 부분은 되게 내성적인 것 같다고 생각하지만, 또 사람들 앞에서는 긴장이 조금 덜해지는 건지, 쉬지도 않고 떠들고 있기도 하고. 모르겠어요.

휘명 어, 저도 가끔 그러는데요. 저도 되게 내성적인데 사람들 속에선 '애써' 떠들고 있을 때도 많거든요. 정말로 신나고 재미있어서가 아니라, 어색한 분위기가 싫어서요. 나라도 계속 말을 하고 있어야 할 것 같아서요. 정적이 무서워서.

A 저도 그래서 그런 것 같아요. 어색한 분위기, 저도 되게 싫어하거든요. 내가 하는 얘기에 사람들이 행복해하고

웃는 걸 보는 게 좋아서 그런 것이기도 하지만요. 많은 부분에서 그래요. 깔끔한 사람, 정리에 강박이 있는 사람. 하지만 그러면서도 너저분한 부분도 있고. 저는 꽤 자주 자신을 되짚어보는 성격인데, 그럴 때마다 정말 어디 가서 저 이런 사람입니다, 하고 정의를 못 내리겠어요. 그래서 자기소개를 할 때면 혼란스러워하는 경우가 많아요.

휘명 지금은 호주에 계시죠? 지금은 어떠세요? 한국에서 아이돌 데뷔와 연기를 준비했던, 힘들었던 때와 비교해서요.

A 호주는 인간관계의 연결점들이 여전히 옛날의 방식대로 남아 있는 것 같아요. 이웃, 또는 내가 가는 장소 안에서의 연결들만이 존재하죠. 한국처럼 광범위하고 빠르지 않은 느낌이에요. 똑같은 생활패턴을 유지해도 호주에서는 한적한 느낌을 받는 이유가 그것 때문이겠죠? 어떻게 보면 스스로 주는 처방전의 느낌으로 호주로 온 거라고 생각해요. 물론, 여전히 방법을 터득하기까진 한

참 먼 것 같긴 해요. 가까운 사람을 만나는 것도 두려워졌으니까. 선택의 후폭풍을 견디는 방법 역시 아직 모르죠. 그저 샤워하면서 소리나 지르고 그럴 뿐이에요. 아저씨들 세수할 때 내는 소리 같은 거, 아시죠? 여전히 극복까지는 못했다고 생각해요. 그래선지 약간 이상한 타이밍에 잘 울곤 해요. 요가를 하다 운다거나, 기분 좋게 이야기를 하다가 운다거나. 과거의 순간이나, 내가 했었던 선택이 저를 그렇게 울게 만드는 것 같아요.

하루는 디즈니 영화의 오프닝에서 궁전 로고가 나올 때 울음이 터지더라고요. 어느 순간의 감동이 다른 기억들 속의 감동과 연결돼서 눈물이 나오는 게 아닐까, 그렇게 생각해요. 최근에는 위로를 받는다고 느끼거나, 과분한 진심이나 사랑을 느꼈을 때도 눈물이 나요. 몸으로도 반응하는 것 같아요. 요가나 마사지를 받을 때 몸이 편한 것에 감동하기도 하고요.

휘명 아직은 그 상처가 많이 나아지시지는 않으셨나 봐요. 자신을 이기려고, 스스로의 감정을 감추며 살았던 과거로부터 어서 자유로워져야 할 텐데 말이죠. 저도 늘 감정을 숨기다 보니, 혼자 있을 때도 솔직해지지 못하게 됐어요. 오죽하면 소원이 '울고 싶을 때 울고 싶다.'가 됐을까요.

A 저도 그랬어요. 그래서 정신치료를 위해, 울고 싶을 때 울기 위해 연기를 시작한 것도 있어요. 미친 듯이 울고 웃고 화를 낼 수 있다는 게 참 매력적이더라고요. 또 극 속의 캐릭터와 혼연일체가 되는 게 느껴질 때가 있는데요, 캐릭터의 외로움과 아픔이 허구의 감정이 아니라 나도 느꼈던 감정이라는 생각이 들어, 커다란 위로가 되기도 해요.

사람들이 뭔가 감정을 쏟아낸다는 건, 결국은 외로워서인 것 같아요. 극단적인 선택을 하시는 분들도, 그래서 그러시는 게 아닐까 싶어요. 하루는 SNS를 통해 자해라는 코드를 다 확인해본 적이 있거든요. 대부분의 글과 사진을 봤을 때 느낀 건 이 사람들 진짜 절박하구나, 진짜 살고 싶어 하는구나, 외롭구나, 누군가의 따뜻하고도 작은 도움이 필요하구나, 그런 감정들이었어요.

휘명 저는 지금도 항상 무섭고 힘든 상황이 생기면 도망치고 싶다고 생각해요. A 씨도 많이 두려웠을 테고, 도망치고 싶으셨을 것 같아요. 그건 해결책이 아니라고, 회피하는 건 문제를 키울 뿐이라고 사람들은 말하지만, 전 도망치는 게 꽤 도움이 되었거든요. 버텨내고 이겨내는 것이 꼭 모든 사람에게 좋은 일은 아니라고 생각합니다. 그래서 호주행을 선택하신 것도 존중하고 싶어요.

A 그렇게 말씀해 주셔서 얼마나 고마운지 몰라요.

휘명 A 씨에게 마지막으로 이 질문을 하고 싶네요. 자신과 비슷한, 적극적으로 자신의 삶을 이겨내는 것보다는 사실 도망치고 누군가에게 기대고 회피하고 싶은 사람들에게 하고 싶은 말이 있는지요. 버티고 이겨내야 할지, 아니면 도망을 치는 게 좋을지 말이에요.

A 저는 내향성, 외향성은 흑백이 아니라고 생각해요. 세

분화된 표현과 단어가 없어서 선불리 이야기할 수 없는 것 같기도 하고. 아무튼, 저는 저를 위해 어떻게든 예술을 해야겠다고 생각해요. 좋은 환경에 있는 것일 수도 있겠지만, 반대로 스스로 어려운 방향으로 가고 있는 것 같기도 하지만요. 한마디로 표현하자면, 사서 고생하고, 어렵고, 다채롭게 사는 사람인 것 같아요.

사람은 그냥 만들어지는 게 아니라고 생각해요. 모든 것에는 타이밍이 있듯, 나의 힘든 시기도 남들보단 늦게 찾아온 것 같거든요. 그래서 더 힘들었어요. 차라리 그때 힘들었다면, 지금 이렇게 조급하지 않았을 텐데. 이제는 놔줘야 할 타이밍에 힘들기 시작하니까, 빨리 괜찮아져야 하는데, 하고 조급해진 것 같아요. 만약 한국으로 넘어가서 눌러앉았다면, 그 힘듦을 덮고 새로운 나를 만들어낼 수도 있었겠지만, 그런 곪은 상처는 어떤 형태로든 언젠가는 드러날 거라고 생각해요.

물론, 버티기만 하면서 살면 행복하지 못할 것 같아요. 그건 어떻게 보면 미래의 해피엔딩을 꿈꾸며 지금의 지옥을 사는 거니까. 그래서 요즘은 마음을 바꿔먹은 것 같아요. 지금 이게 만약 끝나지 않는 터널이라면, 이 터널 안에서도 내가 행복할 수 있는 것, 감사할 수 있는 것을 최대한 만끽하며 살아야 좋지 않을까요? 이제는 오늘을 살아봐야겠다는 생각이에요.

버티고 이겨내는 게 정답이라고 생각했어요

이 인터뷰의 주인공은 자신의 미래를
무조건 스스로 개척하고 버텨내야 한다고 믿어왔습니다.
사람들과의 관계에서 지치고 상처받았지만
누군가에게 기대진 말아야 한다고 믿기도 했습니다.
상처받는 날이 늘어나고 힘든 날들도 계속되고
너무도 도망치고 싶었지만, 결국 그러지 못했죠.
사실은 누군가에게 기대고 도망치고 싶었는데 말이에요.

지금의 A씨는 조금씩 곪았던 상처를 치유하고, 진짜 자신을 찾아가는 중이라고 얘기하고 있습니다. 아직은 많이 서툴기도 하지만요. 미래의 해피 엔딩을 꿈꾸며 지금을 버티는 게 아니라 오늘의 행복을 누리는 것. 그것이 지금 자신이 해야 할 일이라고.

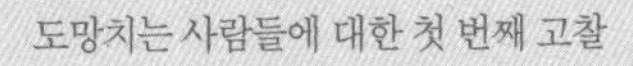

도망치는 사람들에 대한 첫 번째 고찰

버티기만 하면서 살면 행복하지 못할 것 같아요.
그건 어떻게 보면 미래의 해피엔딩을 꿈꾸며
지금의 지옥을 사는 거니까.

나를 위한다는 말로
내게 상처 주지 말아요

휘명 안녕하세요! 인터뷰 함께해 주셔서 정말 고맙습니다.

정훈 안녕하세요!

휘명 간단히 자기소개 좀 부탁드려요.

정훈 안녕하세요, 저는 서울 사는 25살 남자 정훈입니다. 저는 자주 유리처럼 쉽게 깨지는 멘탈을 지닌 사람이에요. 소극적이기도 하고 소심하기도 하고, 또 내성적이기도 해요. 이번 인터뷰를 통해 제 속마음을 꾸밈없이 솔직하게 풀어갈 수 있을 것 같아서 지원하게 됐습니다.

휘명 왠지 모르게 지금도 조금 긴장하신 것 같은데요, 기분 탓일까요? 그럼 하시는 일 물어봐도 될까요? 아니면 학생이시려나.

정훈 맞아요, 지금은 휴학생이에요! 뭔가 이런 것도 처음이고, 이상하게 떨리네요.

휘명 음... 그냥 다섯 살 정도 많은 동기랑 수다 떤다고 생각해 주세요. 방금 소극적이고 소심하다고 말씀하셨는데, 그 성향에 대해서 조금 더 자세히 말씀해 주실 수 있으세요? 처음에 제게 메시지 주실 때 자신의 여러 이야기를 들려주셨던 게 되게 공감도 되고 흥미로웠거든요.

정훈 최근에 스스로가 정말 소심하다고 느꼈을 때가 언제였냐면 전철을 탔을 때였어요. 빈자리가 딱 하나 남아 있는데, 그 짧은 순간에도 앉을까 말까 굉장히 심각하게 고민했어요. 이게 별것 아닌 것 같지만, 얼마나 심각했다고요. 그 뒤로도 늘 그래요. 같은 상황이면 계속 고민이 돼요.

휘명 그러다 결국 빼앗기기도 하고요?

정훈 네! 특히나 만석이었다가 좌석이 한자리 나서 앉으려고 할 때도, 서 있다가 그곳으로 '앉으러 가야 하는' 거니까 엄청 신경이 쓰여요.

정훈 최근에는 '네가 한 말이 누군가에게는 상처가 될 수 있다.' 는 말을 들었는데요. 그 이후로 고민이 필요 이상으로 많아져서, 해야 할 말도 정작 안 하게 된 것 같아요.

휘명 해야 할 말이라면?

정훈 음, 아주 많이 사소한 예로는, 여럿이 있을 때는 먹고 싶은 음식도 말하지 못해요. 또 기분 나쁜 일이 있거나 서운할 때도 기분 나쁘다고 표현을 못 하고 혼자 삭히는 편이에요.

휘명 저도 그런 상황을 많이 접해요. 듣기에 좀 불편한 대화를 하여도 그냥 그 자리를 뜬다거나 건성건성 대답하고, 일단은 그 상황으로부터 도망치는 것 같아요. 그리고 집에 돌아가면서 뒤늦게 속상해하고요. 제 그런 경험과 비슷한 걸까요?

정훈 음… 충분히 대화에 녹아들려고 애쓰고 대답도 건성으로는 못해요. 상대방이 나보다 더 기분 나빠할까 봐 그냥 겉으로만 잘 듣는 척하는 거죠. 뒤에서는 상처받거나 꿍해 있고. 최근에도 그랬어요. 누군가가 저를 위해 하는 말이라며 '너는 이건 고쳐야 한다, 더 바뀌어야 한다.' 했는데, 그 말도 제겐 상처가 되더라고요.

휘명 '네 말이 누군가에겐 상처가 될 수 있다.'는 말을 듣고 말을 잘 안 하게 되셨다고 하셨는데 그 사람은 정훈씨에게 상처를 준 거네요? 조금 분하지 않던가요?

정훈 지금 갑자기 또 화가 나서 얼굴이 빨개진 것 같아요. 친한 친구에게 열 받는다고 막 털어놓은 적도 있는데, 완벽히 풀리지는 않더라고요.

휘명 그 마음 조금이나마 알 것 같네요. 그리고 또 어떨 때 스스로가 내성적으로 느껴지실까요? 일상적인 이야기도 좋아요.

정훈 아, 이번 추석 연휴에 친구가 놀러 가자고 했을 때요. 전 집에서 쉬고 싶은데 자꾸 가자, 가자 하는데, 저는 바보처럼 집에 있고 싶다고 말도 못 하고 끌려갔어요. 그러고 나서 엄청 후회 했어요.

휘명 육체적으로나 심적으로나 피곤하셨겠어요. 조금 더 얘기해볼까요? 정훈씨 처음에 인터뷰 지원하실 때요. 길거리에서 어묵 하나 사드시지 못하고, 혼밥하는 것도 고민되고, 주문할 때도 뭐라고 말해야 할지를 계속 고민한다고 말씀하셨어요. 또 버스에서 내리기 전에 벨 누를 때 눈치가 보인다고요. 정말 문 닫히고 나서 열어달라는 말을 못 하셔서 못 내리신 적이 있는 거예요?

정훈 맞아요. 그래서 그다음 정류장에서 다른 사람들 내릴때 저도 조용히 눈치 보며 내렸어요. 생각해보면 아무도 절 안 보고 있는데 말이에요. 그럴 때마다 막 심장이 쿵쾅쿵쾅 뛰어요, 하하.

휘명 그런 성향들 때문에 스스로에 대해 자책했던 적도 많으셨을 것 같아요. 다만 외향적인 사람들이랑 조금 다를 뿐인 건데 말이에요.

정훈 맞아요! 난 왜 그럴까. 왜 외향적이거나 밝지 못할까. 자책해요. 그렇긴 한데요, 그래도 조금 자기합리화를 해보면, 저마다 각자의 성향이 있는 거잖아요. 또 그렇게 자주 강하게 심장이 뛰는 사람도 드무니까, 뭔가 스스로 흐뭇해질 때도 있긴 있더라고요. 아니, 어쩌면 흐뭇하다기보다는 그냥 웃겨서 나오는 웃음일지도 모르겠지만.

휘명 오, 이제 좀 뭔가 스스로를 받아들이게 되신 거라고 생각해도 될까요?

정훈 음, 그렇죠? 식당에서 밥 먹을 때 "주문이요!"라고 말하지 못하는 것도 결국은 나, 자전거를 대여할 때도 누군가가 쳐다보는 거 같아서 소심해지는 것도 나, 테이크아웃 전문점에서 남들은 다 여럿이 시킬 때 나 혼자 나서서 시키지 못하는 것도 나, 내 생각을 말할 때도 뭐라 말할까 긴장하고, 또 그렇게 이야기하다가 실수하는 것도 나니까.

어쨌든 이러나 저러나, 이렇게 만들어져버린 나인 거니까. 아주 가끔은 스스로가 사랑스러울 때도 있더라고요.

휘명 그럼요. 나는 나일 뿐인 건데, 그걸 받아들이기가 참 어려운 것 같아요

정훈 많이 나아진 거라고 생각해요. 전에는 그런 것들이 정말 심해서, 누구도 만나고 싶지 않았어요.

휘명 그래도 여전히 세상은 외향적인 사람들이 주도하는 세상이잖아요? 리더십이라는 이름으로 조직을 움직이고,

자꾸 어디로 가자, 뭘 하자, 뭐 먹자고 하고요. 사실 그걸 원하지 않는 사람도 있는데. 그런 사람들과 나는 분명히 다른데, 그런 사람들의 사회에 나를 억지로 끼워 넣으려고 하니까 내가 점점 힘들어지는 것 같아요.

정훈 맞아요! 그래서 이런 사회에서 내가 힘들어지지 않게끔 스스로를 챙겨 줘야 하는 것 같아요. 그래야 저도 겨우 살아남을 수 있을 것 같고.

휘명 그럴 때 저는 도망을 쳐요. 일단은 그 상황으로부터 멀어지거나, 가기 싫은 곳이 있으면 거짓말을 해서라도 안 가거나 하는 거예요. 사귀기 싫은 사람들과는 억지로 친해지지도 않고요. 정훈씨 역시 도망치고 싶거나, 도망쳤던 때가 있나요? 이야기 듣고 싶어요.

정훈 저도 그럴 때가 있기는 있어요. 도망치고 싶을 때는 거짓말을 해서라도 도망치고 말이죠, 혹시 작가님은 그렇게 도망치다가 후회한 적이나 잘못된 적은 없었나요? 이런 거 질문해도 되나?

휘명 역으로 질문이라니 신선하네요. 글쎄요, 거짓말을 했다거나 하는데서 오는 죄책감 같은 것도 있었고, 거짓말이 들통 난 적도 있었어요. 하지만 후회는 없었던 것 같아요. 모두 다 억지 관계나 하기 싫은 것에서 오는 상처를 피하고자 저 스스로가 방어적으로 한 일이었으니까요. 무엇보다도 도망쳤을 때 오히려 마음이 편할 때가 많았어요.

정훈 맞아요. 마음은 찝찝하더라도요. 아까 제가 했던 말 중에 상처를 받았었다고 했잖아요. 넌 좀 변해야 한다, 그런 말을 들어서요. 기억하시나요?

휘명 물론이죠.

정훈 그게 무슨 일이었냐면요. 저는 원래 누구에게도 마음을 잘 열지 않는 사람이었거든요. 아까 자기소개 때도 말씀드렸듯 유리멘탈이라, 사소한 말에도 상처받고 혼자 우물을 파는 사람. 그렇게 계속 사람으로부터 도망치다가 스스로 만들어본 해결책이 있었어요. 나도 그들과 똑같이 장난을 치고, 상처 되는 말이라 생각 안 하고 '나도 재밌게 장난치고 이야기해보자!' 하고 결심한 거였죠.

그게 제겐 거의 유일한 생존 방법이었는데, 어떤 사람이 저의 그 태도를 보고 '좋지 않은 태도다, 고쳐라, 바꿔어야 한다.'라고 말하더라고요. 제 장난스러운 태도로 인해 누군가는 기분이 나빠질 수 있다고. 가만 보면 아무것도 아닌 말에도 예민하게 반응하는 것처럼 보인다고요. 그래서 그 말을 듣고 멘탈이 무너진 거예요. 나는 누군가에게 상처 주지 않으려고 혼자 참아왔던 건데. 그러다 나도 나름대로 같이 장난치려고 한 건데. 그게 남이 봤을 땐 그렇게 느껴졌다는 게. 그게 너무 슬프기도 했고. 난 원래 그런 사람이 아닌 데 정말 속상했어요.

휘명 그러셨구나. 뭔가 나름대로 마련한다고 마련한 방법인데, 그게 잘못됐다는 말을 들으시니까 무너지는 느낌이었겠어요.

정훈 맞아요. 그래서 이제는 솔직히 누구와도 얘기하기가 두려워요. 사람들도 제게 요즘 왜 이렇게 어둡냐고 말해요. 사실 저는 이걸 좀 즐기고 있는 것 같기도 하지만.

휘명 '넌 좀 바뀔 필요가 있어.'라는 말을 외향적인 사람이 듣는다면, 어쩌면 상처를 안 받을지도 몰라요, 그렇죠? 우리 같은 사람이라 상처를 받는 걸지도 모르잖아요.

정훈 그런 것 같네요. 제게 그렇게 말한 분이 '내가 너랑 지내온 관계도 있기 때문에 이렇게 말해도 되는 거야.'라고 하는데, 저는 여기에서 한 번 더 무너졌어요.

휘명 아, 그 사람 말은 그러니까 '너랑 나랑 가깝게 지내왔으니까, 내 충고 들어라!' 식인 건가요?

정훈 맞아요! 그래서 제가 충고하는 거냐고 물어봤더니, 그 사람은 충고도 아니고 절 위해서 해 주는 말이라는 거예요. 제가 봤을 땐 그것도 아니었거든요, 그리고 절 아는 사람이면 제가 예민한 걸 알 텐데, 그렇게 말하는 것도 더욱 절 힘들게 했어요.

휘명 내게 상처가 된다면 그건 나를 위한 게 아닌데.

정훈 그럼요. 이젠 아무리 설명하려 해도 안 통해서, 그냥 그러려니 하고 넘기고 있어요. 앞으로도 계속 마주칠 사람인데, 이젠 적당히 형식적으로 대하려고요.

휘명 그럼 앞으로는 어떻게 하실 건가요? 앞에 말씀하신 것처럼 '똑같이 장난스럽게 대하는 태도'를 계속하실 건가요?

정훈 글쎄요, 지금은 좀 안 하고 있어요.

휘명 그러면 다시 새로운 방법을 찾아야 하는 걸까요?

정훈 또 누군가 상처를 받을 수 있기도 하고요. 그래서 그냥 너무 사소하게 내뱉은 남의 말에 상처받지 않고, 깊게 생각하지 않고, 그냥 너무 심한 무례함이 아니면 그냥 무미건조하게 넘기려고요.

휘명 맞아요. 저는 정훈씨와 이전에 대화를 나눈 적은 없었지만, 정훈 씨가 그런 일들 때문에 너무 자책하거나 애써 괜찮은 관계들을 구축하려고 노력하지 않으셨으면 좋겠어요. 이게 나인 걸 어떡해요. 마냥 나쁜 구석만 있는 것도 아니잖아요.

정훈 맞아요! 친한 분이 비슷한 얘기를 해 주신 적이 있어요! 누군가 날 좋아할 수도 싫어할 수도 있는 건데 너무 신경 쓰지 말라고요. 그냥 너는 너다. 그 사람이 그렇게 말한 건 그 사람만의 표현인 거니까.

휘명 맞아요! 내려놓는 연습은 필요해요. 그 사람은 정말 고마운 분이네요! 정훈 씨를 있는 그대로 봐주시니까요.

정훈 맞아요, 정말 고마운 사람이에요.

휘명 제가 봤을 때는, 세상에는 내성적인 사람들이 조금 조용하고 목소리를 안 낼 뿐이지 외향적인 사람만큼이나 많다고 생각하거든요? 그러니까 조금 더 자책하지 않고

편하게 지내셔도 좋을 것 같아요.

정훈 맞아요! 인터뷰하다가 위로를 받는 기분이네요...

휘명 어휴 뭘요, 저는 저랑 닮은 친구가 생긴 것 같아서 또 좋은걸요. 그럼 앞으로는 어떻게 지내실 것 같아요? 또 스스로를 바꾸기 위해 노력할 것 같아요? 아니면 나를 있는 그대로 받아들이고 살아가기?

정훈 음, 바꾸지는 않고! 남에게 피해 끼치지 않고, 적당히 제 할 일 하면서! 그렇게 살아가려고요!

휘명 그러셨으면 좋겠어요. 그러면 저도 용기를 얻어서 잘 살 수 있을 것 같아요. 고맙습니다.

나를 위한다는 말로 내게 상처 주지 말아요

이 인터뷰의 주인공은 타인의 말들로 인해
자주 상처를 받고 무너지곤 했습니다.
더는 상처받기 위해 나름대로 찾아낸 방법에 대해선
'그 방법은 틀렸어, 그러지 마.'라는 지적을 받기도 했죠.
내가 아프지 않기 위한 선택이었는데, 남을 아프게 한다니.
그 이후론 입도 마음도 닫아버리고 동굴로 들어갔습니다.
차라리 혼자인 게 나을 거라는 생각 때문이었죠.

이제 정훈 씨는 누군가는 자신을 좋아할 수도, 또 다른 누군가는 싫어할 수도 있는 거라고 생각하며 지내기로 마음먹었습니다. 너무 남을 신경 쓰지는 말자고요. 나는 그냥 나, 그런 태도로 살아가야 이 세상 속에서 살아갈 수 있다고요.

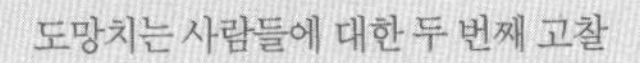

남의 말에 상처받지 않고, 깊게 생각하지 않고,

그냥 너무 심한 무례함이 아니면

그냥 무미건조하게 넘기려고요.

늘 3인칭 시점으로만 살아왔어요

휘명 안녕하세요!

호수 작가님 안녕하세요! 뭔가 쑥스럽네요.

휘명 앗, 저도요. 인터뷰를 자주 해본 게 아니라서.

호수 저 말솜씨가 없어서 떨려요.

휘명 그냥 직장 동료나 대학 동기랑 대화한다고 생각해 주세요. 저도 말주변이 없으니까! 그럼 간단히 자기소개를 부탁드려도 될까요? 자유롭게요.

호수 제주도에 살고 있는 27살 황호수라고 합니다. 내성적인 사람이라 아는데 모르는 척, 봤는데도 못 본 척을 하는 사람이에요. 정말 부끄럽고 창피해서요. 그러면서 '관종'이기도 한데 무턱대고 눈에 띄는 건 싫어서, 조용히 눈에 띄고 싶어 하는, 한마디로 설명하기 어려운 사람인 것 같네요.

휘명 역시 소개도 재밌게 하시네요. 사실은 처음에 설문에 참여하셨을 때 남기신 글들이 진짜 재밌다고 해야 할까? 눈에 띄었거든요, 귀엽기도 하고. 사귀고 있던 남자친구를 버스에서 발견했는데 너무 쑥스러워서 모르는 척하셨던 것. 그리고 친구가 진지한 얘기를 하면서 본인의 발을 밟고 있었는데, 잔말 말고 얘기를 들어 줘야 할 것만 같아 가만히 계시다가 발에 깁스하셨다든지 하는 이야기는 실화인가요?

호수 네, 슬프지만 실화에요.

휘명 혹시 지금 하시는 일이나 요즘의 일상에 대해 소개해 주실 수 있나요? 일 때문에 제주도에 계신 걸까요?

호수 네 맞아요. 제주살이 시작한 지 얼마 안 됐고 피부관리 샵에서 일하고 있어요. 일을 마치고 밤 산책을 하는 게 일상이에요.

휘명 그런데 피부관리샵에서 일하시면 어쩔 수 없이 손님들이랑 대화해야 하지 않나요?

호수 아니요. 다행히 커플 전문샵이라 일절 말을 섞으면 안돼요. 그 점은 너무 행복해요. 제가 낯도 무지하게 가려서 안성맞춤이에요.

휘명 그럼 피부관리샵 일은 제주도가 처음인가요?

호수 네. 생각지도 못한 일이었는데 제주도에서 할 수 있는 일을 찾다 보니 이 일을 시작하게 됐어요.

휘명 왜 제주도여야만 하셨을까요?

호수 저랑 닮은 구석이 많아서요. 잔잔하고 쓸쓸하고, 촌스럽고 고즈넉한데 그만의 매력이 있어요. 제주도라는 섬.

휘명 본인도 그런 사람이라 생각하시는군요?

호수 그리고 전에 다니던 직장에서 몸보다 마음이 너무 힘들었는데, 외로움에 제주도를 찾게 되었어요. 아, 남자친구 문제도 있었어요.

휘명 뭐가 어떻게 힘드셨는지 여쭤봐도 될까요?

호수 전 여자친구(첫사랑)를 못 잊어서 제 존재를 주변에 자꾸 숨기더라고요. 배신감과 거짓말에 충격을 너무 많이 받아서 힘들기도 했고, 직장에서는 점심시간 30분 외에는 10시간 이상 일을 해야 했기 때문에 많이 지치기도 했어요.

휘명 아이고. 그런 일이 있으셨구나. 왜 나를 자꾸 숨기냐고 처음부터 말해보셨나요?

호수 아니요, 제가 그렇게 단도직입적으로 묻는 성격이 아니라서요. 혼자 끙끙 앓고 먼저 말해주길 기다리다가 그게 결국 곪아 터졌던 것 같아요.

휘명 저도 비슷한 경험이 있어요. 저는 되게 내성적이라서 늘 현실을 외면했거든요. 그래서 그때 만나던 친구가 바람을 피우고 있다는 걸 알면서도 계속 외면하기만 하다가, 저도 결국 마지막이 돼서야 그걸 빵 터뜨렸던 것 같아요. 그런데 참다 참다 그렇게 되면 진짜 힘들던데요?

호수 네, 그래서 많이 외롭고 지쳤었나 봐요. 그 때문에 떠나는 게 답이라고 생각했어요.

휘명 호수 씨는 어떨 때 자신이 내성적이라고 생각하세요?

호수 저는 하고 싶은 말과 행동들의 타이밍을 몇 번이고 생각하고 망설일 때, 그리고 내 감정과 나 자신은 두 번째고 남을 먼저 생각할 때요.

최근에 겪은 일인데요. 미용실에서 매니저를 맡게 됐는데, 매니저는 디자이너들을 관리해야 하거든요. 그래서 때로는 디자이너들한테 싫은 소리도 해야 하고 부탁도 해야 해요. 예를 들어 커트하러 왔는데 손님이 디자이너 지명을 안 했어요. 그러면 제가 순번으로 넣어주거든요. 그런데 디자이너들이 돈이 안 되기도 하고 힘들기도 해서 많은 건수를 맡으려고 하지 않아요. 하지만 저는 오는 사람을 막을 수가 없는 상황이기도 해서, 회사 대표님과 디자이너 사이에서 너무너무 힘들었어요.

제 역할은 디자이너에게 손님을 지정해줘야 했지만, 힘들다는 디자이너에게 말을 하지 못하고 결국 손님을 돌려보냈어요. 거짓말을 해가면서요.

휘명 곤란하셨겠어요. 하지만 가끔은 말하기 힘들때 피하는 게 도움이 되는 것 같아요.

호수 전 사랑을 할 때도 마찬가지였어요. 그냥 항상 그래왔어요. 그래서 이 여행에서만큼은 나만 생각하자, 그런 마음으로 온 거예요.

휘명 잘하셨어요! 제주도로 오지 않고 계속 있던 곳에 계셨다면 몸과 마음을 스스로 계속 아프게 해서 결국은 크게 무너지셨을 수도 있겠다, 그런 생각도 드네요.

호수 그런 것 같아요. 다 이유 있는 경험이라고 생각해서 오히려 이젠 그런 경험들에 감사하네요. 이렇게 되려고 그랬나 봐요. 항상 저를 나무라기만 해서, 문제는 항상 나한테 있어서 언제나 같은 결과가 반복되는 거라고 생각을 했었어요.

휘명 이야기를 듣다 보니 호수 씨는 남들에게 많이 맞추기 위해 노력하시는 것 같아요. 전에 다니던 회사에서도 본인의 생각과는 다르지만, 사람들에게 맞추려고 억지로 노력하신 경험들이 많으세요? 이를테면 억지로 회식에 참여한다든가 말이에요.

호수 아 네 그렇죠. 일의 연장선이라며. 저는 조용한 걸 좋아하고 시끄러운 걸 싫어하는데 맞춰야 해요. 그런 날이면 집에 왔을 때 더 지치는 것 같아요. 전 노래방에 가는 걸 싫어해요. 회식 때마다 노래방에서 저에게 노래를 시킬 때면 힘들더라고요. 노래를 못하겠다고 피하는 성격도 못되어서, 울며 겨자 먹기 식으로 억지로 노래를 부르곤 해요.

힘들어서 도망쳐온 제주도지만 좋아요. 자칫 지나칠 수 있을 행복들이 눈에 잘 보여요. 밤 산책도 너무 좋고 귀뚜라미 소리, 사진을 찍는 일, 폭죽을 터뜨리는 사람들을 구경하는 일, 그리고 혼자 여행 온 사람들을 창가에서 지켜보는 일도 모두 다 좋아해요. 가끔은 외롭기도 한데, 그 외로움이 이상하게 싫지는 않아요.

이곳의 생활이 행복하지만 언젠간 떠나야 한다는 생각이 문득문득 들어서 슬퍼지기도 해요. 언젠간 끝이 있는 머무름이란 생각에.

휘명 언젠간 제주도를 떠나 다시 예전으로 돌아가야 할 텐데, 그땐 어떻게 생활하실 것 같으세요? 여전히 내성적인 사람으로? 아니면 외향적인 사람이 되어보려 노력할 것 같아요?

호수 연애를 하면서 숱하게 마음을 먹었거든요. 이제는 그러지 말아야지 하고. 그런데 저라는 사람은 바뀌지 않을 거라는 결론이 나와서, 저는 여전할 것 같아요. 제가 살던 대로 살아가겠죠. 다만 스스로를 너무 자책하지 않으려 노력하려고요. 그러다 또 힘들어지면 이렇게 훌쩍 떠나 일상으로부터 도망쳐 오면 되지 않을까? 전 그렇게 생각하고 있어요.

휘명 혹시 마지막으로 도망치는 것에 대해 말씀해 주실 것이 있으실까요?

호수 음, 제가 생각들을 쏟아내는 능력이 부족해서, 곰곰이 생각하고서야 말을 하곤 해요. 아까 왜 제주도여야만 했냐는 물음에 저랑 닮은 곳이 많다고 말씀드렸잖아요. 그 말에 대한 구체적인 이유를 조금 더 말씀드리고 싶어졌어요.

제주도에 오기 전에 저는 누군가를 받아주고 맞추기만 해서 힘들고 지쳐 있었어요. 그래서 이런 나를 받아달라고, 나를 가장 닮은 이곳으로 달려온 것 같아요. 이곳이라면 상처받은 나를 더 잘 안아 줄 수 있을 것 같다고 생각했거든요. 늘 어딘가에 기대는 게 너무나 어색한 저인데, 또 홀로 여행은 여기가 처음임에도 불구하고 누구보다도 잘 적응했던 것 같아요. 아마 저를 닮은 곳이라서 그랬던 것 같아요.

스스로를 돌보지도 못하고 제 마음 하나 살피지도 못했었는데, 이번을 계기로 이기적이지만 오직 나만 생각하는 시간도 필요하다는 걸 깨달았어요. 27년을 살면서 내 인생의 주인공은 나라는 말에 공감을 못 하면서 늘 3인칭 시점으로만 살아왔는데, 이제 비로소 나라는 사람이 제 눈에 보이기 시작했어요. 이 말만큼은 꼭 덧붙이고 싶었습니다.

늘 3인칭 시점으로만 살아왔었어요

호수 씨는 사랑과 일로 인해 큰 상처를 얻었습니다.
자신의 존재를 숨기는 애인에게 한마디 말도 못했고
하루에 열 시간 이상 일하면서 거의 쉬지도 못했죠.
항상 나보단 남의 입장을 먼저 생각하다 보니
자신의 망가지고 있다는 걸 알아채지 못했습니다.
"이제 더는 못 버텨, 여기를 떠나야겠어."
호수 씨는 말 그대로 제주도로 '도망'쳤습니다.

자신의 인생을 항상 3인칭의 시점으로 살아왔던 호수 씨는 제주도에 와서 비로소 오롯이 자신을 마주하고 있습니다. 그리고 그를 닮은 그곳에서 스스로를 위하는 법을 익혀가는 중입니다. 타고난 자신을 버리지 않고 여전히 그녀로 살겠지만 힘들 때 도망칠 수 있는 용기를 가진 채로 말이죠.

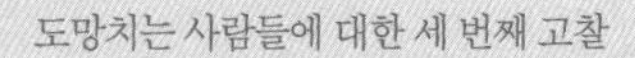

도망치는 사람들에 대한 세 번째 고찰

저라는 사람은 바뀌지 않을 거라는 결론이 나와서,

저는 여전할 것 같아요.

하지만 힘들면 또 도망칠 거예요.

도망치고 싶지만
해야 할 말은 하고 싶어요

휘명 안녕하세요. 대화할 수 있게 돼서 정말 반가워요.

아린 이렇게 인터뷰하는 게 처음이라, 제가 도움이 될지 모르겠네요.

휘명 그럼 가장 먼저 자유롭게 자기소개를 부탁드릴게요!

아린 저는 올해 20살이고, 경북 포항에 살고 있습니다. 지금은 집에서 독학 재수를 하고 있어요. 평소에는 당연히 공부를 하고요, 오늘은 낮에 친구네 강아지와 바닷가를 산책했어요. 그래선지 오늘은 온종일 기분이 좋네요.

휘명 설문 참여해 주셨을 때 말씀해 주신 에피소드들을 보고 공감이 많이 됐어요. 그래서 아린 씨의 내성적인 성향에 대해서 이야기를 더 들어보고 싶었어요. 어떨 때 스스로를 내성적이라고 생각하셨는지 조금 더 이야기해 주실 수 있으세요? 천천히, 그리고 길게 말씀해 주셔도 돼요.

아린 제 기억 속에서 스스로 내성적이라고 느꼈던 첫 번째 순간은 친구를 사귀어야 할 때였어요. 첫 기억은 초등학생 때로 거슬러 올라가야 해요. 전혀 모르는 아이들 사이에서 어떤 아이들은 벌써 서로 통했는지 얘기하고 있는데, 저는 눈치만 보고 있었어요. 그때 저는 '아, 내가 낯가림이 심한 편이구나.'라고 처음 깨달았던 것 같아요. 물론 시간이 지나고 학교에 조금 적응하면서 친구를 사귀긴 했지만, 여전히 많진 않았어요. 같이 다니는 한 명 혹은 두 명 정도로 만족했던 것 같아요. 다른 친구들과 잘 못 지낸 것도 아니었지만, 학년이 올라갈 때까지 보이지 않는 벽은 있었다고 해야 할까요.

휘명 음. 무슨 마음인지 알 것 같아요. 저도 여전히 친구의 폭이 넓지 않거든요. 두루두루 친하게 지내는 사람들이 신기하기도 하고요. 뭔가 체질적으로 다른 것 같다는 생각을 한 적도 있어요.

아린 어느 정도 적응이 됐다고 생각할 때쯤 학년이 바뀌었고, 다른 친구들이 새로운 반에 대한 기대를 할 때 저는 점점 걱정만 했어요. 새로운 반에서 새로운 아이들과 다시 친해지고 다시 적응해야 한다는 부담감뿐이었죠. 이러다 친구를 못 사귀면 어떡하나, 그런 불안도 커졌고요. 지금 돌이켜보면 매년 친구를 못 사귄 적은 없었어요. 다만 이전 학년에서 사귄 친구들과는 멀어질 수밖에 없었죠.

새로운 곳에서 새로운 친구들과 친해지고 그 아이들에게 정성을 들이는 동안 원래 있던 친구들에게 소홀하고 신경을 못 써 줬어요. 어려서 그랬기도 했겠지만, 늘 그렇게 자연스럽게 멀어졌던 것 같아요. 다른 아이들의 경우엔 학년이 바뀌는 것과 상관없이 오래오래 잘 지내던데, 저는 그게 참 어려웠어요.

휘명 혹시 친구들을 새로 사귀기 위해서 억지로 남들 하는 것처럼 말하고 행동한 적도 있으셨나요? 뭐랄까. 쉽게 말하면 '인싸'처럼 행동하기?

아린 이게 참 아이러니해요. 그런 척이라도 하면서 친구를 사귀어 볼 수도 있었겠지만 너무 소심한 나머지 그런 것들도 따라 하기가 부끄러웠다고 해야 할까요. 잘하지도 못해서 자신도 없었고요.

내성적인 성격 때문에 제일 힘들었던 건 해야 하는 말을 못 할 때였어요. 남들은 쉽게 잘하는 그런 것들 있죠? 식당에서 주문하기, 미용실 가서 원하는 스타일 말씀드리기, 서비스나 물품에 대한 항의 같은 것들이요.

예를 들면 식당에서 주문하기 위해 직원분을 불러야 하는데, '여기요!' 소리가 안 나오는 거예요. 겨우 용기를 내서 불렀는데 제가 봐도 저만 들릴 정도의 소리만 나오더라고요. 직원분은 당연히 못 들으셔서 가만히 계셨고요. 제 목소리가 작아서 그러시는 건데도 뭔가 더 부끄럽고 위축이 되더라고요. 그리고 또 메뉴에 대해 직원분께 묻고 싶은 것이 있어도 그걸 못 하겠어서 참은 적도 있네요.

비슷한 경우로 요즘엔 카페를 가면 처음 보는 이름의 음료들이 많잖아요. 원두도 종류별로 나누어져 있고. 그런 것들에 대해 궁금하긴 한데 일일이 물어보면 귀찮지 않으실까 싶어서 혼자 구경만 해요. 그러다 그냥 늘 마시는 카페라테나 아메리카노를 시키는 경우가 많아요. 정말 궁금한 건 멀리서 메뉴판을 보면서 핸드폰으로 검색해보는데, 글로만 쓰인 설명을 보고서는 무슨 맛인지 가늠이 안 돼서 결국 또 늘 먹던 거로. 모르는 거라도 그냥 먹어보면 될 텐데,

제가 내성적이라서 그런지 새로운 것을 시도하기를 망설여지더라고요.

휘명 그것도 그렇고, 자신의 호기심보다도 타인이 귀찮지 않을까 걱정하는 것도 우리 같은 내성적인 사람들의 특징

같아요. 나보단 남이 먼저.

아린 그런 것 같아요. 그리고 저는 싫은 소리를 하는 것도 힘들어요. 상대에게 눈치도 보이고, 저를 안 좋게 보지 않을까 하는 걱정을 하는 것 같아요. 잘 보여야 하는 상황이 아닌데도요.

미용실에 갔을 때도 미용사분들은 왜 늘 앞머리를 1에서 2cm씩 더 자르시는지. 그런 거에 대해 제가 원하는 것과는 다르다고 한마디 할 수도 있을 텐데, 저는 늘 그냥 마음에 든다고 하고 나와요.

휘명 아린 씨의 그런 면면들 때문에 어쩌면 자책도 많이 하셨을 것 같아요. 그런가요?

아린 그렇죠. 그런 상황들에 심하게 스트레스받을 때마다 저 자신이 너무 바보 같고 한심해요. 특히 저희 엄마는 저랑 반대로 할 말은 다 하시는 편인데, 엄마가 보시기에도 제가 답답하니까 늘 집에서 한마디씩 하시거든요. 앞으로 사회에 나가서 어쩌려고 그러느냐고, 할 말은 해야 한다고. 저도 알지만 안 되는 거라 너무 답답할 때가 많았어요.

휘명 그럼 아린 씨는 어떤 성격을 갖고 싶으세요? 그런 성격을 갖기 위해 노력한 적은 있나요?

아린 저는 흔한 말로 '인싸'가 되고 싶지는 않아요. 다만 지금처럼 꼭 필요한 상황에서 할 말을 못 하는 성격은 바꾸고 싶어요. 식당에서 주문을 한다거나, 길을 묻는다거나, 잘못된 일에 항의할 수 있는 그런 소소한 것들 말이죠. 어쩌면 평범한 일인데 말이에요.

그래서 요즘은 결과가 안 좋아질까 봐 걱정이 되더라도 이야기를 하려고 노력하고 있어요. 생각을 바꾸려고 노력하고 있어요. 어차피 다신 안 볼 사람이다. 저 사람은 내가 어떻든 관심이 없다. 계속 생각해요. 그럼 용기가 좀 생기더라고요.

전 사회에서 외면받는 약자들의 목소리를 키워주는 확성기 역할을 하고 싶다는 꿈이 있어요. 여성들, 노인들, 아이들, 장애인들, 성 소수자들, 다문화 가정을 이루고 살아가는 분들처럼 사회에서 외면받고, 제대로 된 권리를 인정받지 못하는 사람들 말이죠.

그분들의 목소리를 키우려면 일단 제 목소리를 낼 줄 알아야 하잖아요. 그래서 노력하고 있어요.

그들이 갖는 권리는 너무 당연한데, 그 권리는 제대로 지켜지지 않더라고요. 그들은 잘못이 없는데 차별을 받고 있다는 게 너무 화가 나더라고요.

제가 사는 곳이 그런 세상은 아니었으면 좋겠다고 생각했어요. 좋은 곳에서 잘 살고 싶은 건 누구나 마찬가지잖아요. 좋은 곳이라는 건 당연한 것이 당연히 지켜지는 곳이라고 생각해요.

그런 이들의 권리를 대변하기 위해서, 조금 더 나은 세상으로 나가기 위해서는 목소리가 필요하다고 생각했어요. 지금은 비록 식당에서 주문하는 것도, 부당한 대우에 대해서도 잘 이야기 못 하고 있지만 노력해서 제 목소리를 키우고 싶어요. 옳다고 믿는 일에 목소리를 낼 수 있도록 말이죠.

휘명 저는 어떤 고정관념 같은 것으로, 내성적인 사람들은 뭘 자꾸 숨기고, 무엇으로부터든 도망치고 보고, 물렁물렁 약하다고 생각해 왔는데, 생각을 조금 바꿔야겠네요. 지금 아린 씨는 정말 단단한 사람으로 느껴져서요. 인터뷰가 진행되면서 점점 더요!

아린 그래서 내성적인 성격이 저에게는 장애물이에요. 하고 싶은 말은 많은데 늘 속으로만 뱉고 있었거든요. 하지만 노력하고 있어요. 말하는 걸 무서워하지 않으려고 여기저기 부딪힐 거예요.

하지만 제가 가지고 있는 신중함이나 배려심은 그대로 가지고 싶어요. 나를 너무 변하지 않게 말이에요. 내가 하는 말이 침묵보다 가치 있을 때만 입을 열라는 말을 들은 적이 있어요. 저는 그런 말을 할 수 있는 사람이 되고 싶어요. 그러기 위해 더 노력하고, 관련된 공부도 하고 있어요. 말을 잘하고 싶은 마음도 크지만, 그만큼 말의 무게가 무겁다는 것도 잊지 않고 살기 위해서요.

휘명 존경스러워요. 지금만큼은 정말 명확하게 말을 잘하시는 것 같아서 더 좋고요. 그래도 그런 것들도 물론 좋지만, 저는 아린 씨 스스로가 행복했으면 좋겠어요. 자책하는 것도 좀 줄이고.

아린 그러게요. 자책 대신 응원을 해야 할 텐데.

휘명 저도 멀리서나마 응원할게요. 외향적인 사람을 흉내 내고, 또는 그러지 못해서 자책하지 않아도 이미 충분히 멋진 분이시니까.

아린 감사합니다! 이 인터뷰도 제겐 부딪히는 것 중 하나였어요! 제게 도움을 주셔서 감사합니다.

도망치고 싶지만
해야 할 말은 하고 싶어요

아린 씨는 늘 '나보단 남이 먼저'였습니다.
정당한 값을 치렀음에도 물어보지도, 요구하지도 않았죠.
그래서 알고 싶은 것이 있어도 이미 아는 척,
마음에 들지 않는 게 있어도 마음에 드는 척을 했죠.
그녀와는 다르게 할 말은 하시는 어머니는
답답한 마음에 자주 잔소리를 하시곤 했습니다.
알아도 안 되는 거라, 아린 씨 역시 너무 답답했고요.

아린 씨는 사회에서 외면받는 약자들의 목소리를 키워주는, 그런 확성기 역할을 하게 되는 것을 꿈꾸고 있습니다. 그리고 그분들의 목소리를 키우려면 일단 자신의 목소리는 낼 줄 알아야 한다는 것을 깨달았습니다. 그래서 노력하고 있습니다. 비록 결과가 좋지 않을지라도 말이죠.

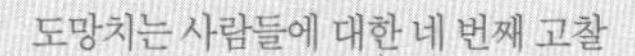

내성적인 성격이 저에게는 장애물이에요.

하고 싶은 말은 많은데 늘 속으로만 뱉고 있었거든요.

하지만 생각을 조금 바꿨어요.

도망치고 싶지만 해야 할 말은 하고 싶으니까요.

3장

앞으로도 나는 도망칠 계획입니다

저와 닮은 듯, 다른 분들과 인터뷰를 하면서, 참 많이 공감하기도, 그래서 위로를 받기도, 뭔가를 배우기도 한 것 같습니다. 공감과 위로는 세상에 나와 닮은 사람이 있구나 하는 데서 오는 것, 그리고 배움은 그러한 성향 속에서 나름의 단단함과 신념을 지니게 된 것에서 오는 것이었어요. 사실 인터뷰 안에서도 말이 나왔듯 외향성과 내향성은 극과 극으로만 분류할 수 없는 것이 맞습니다. 50만큼 내성적인 사람이 있는 반면, 80만큼 내성적인 사람도 있는 거죠. 그러므로 내성적인 사람들에게도 다 나름의 결이 있는 것이라고 생각합니다. 하지만 그들에게서 어느 정도는 공통점을 찾을 수 있었습니다.

바로 '나는 왜 저렇지 못하지?'와 같은 감정에서 오는 괴로움과 자괴감이었습니다. 내가 갖지 못한 모습에 관심이 가고 부러움을 품는 것, 어쩌면 당연한 일이겠지요. 고작 남의 떡 하나도 커 보인다는데, 하물며 내면은 어떻겠어요.

사람은 무언가에 욕심을 품게 되면, 알게 모르게 그를 내 것으로 만들기 위해 여러모로 애를 쓰는 것 같습니다. 그게 물건이라면, 그리고 적당한 가격 또는 노력을 통해 얻을 수 있는 거라면 참 다행이겠지만 내면적이거나 태생적인 거라면 이야기가 달라집니다. 아무리 얻으려 해도 얻기 힘든 것들이 훨씬 많거든요. 외향적인 사람들이 지닌 당당함, 씩씩함, 거침없음이 바로 그렇습니다. 갖고 싶고 닮고 싶은데 그렇게 하지 못하면 어쩔 수 없이 우리는 괴로움을 느낍니다. 나는 왜 안 되지, 나는 왜 못 가질까 하고, 결국에는 자책까지 하게 되죠.

어쩔 수 없이 우리는 우리만의 방법으로 살아가야 합니다. 우리나라의 플러그와는 모양이 다른 외국의 콘센트를 떠올려 보세요. 아무리 꽂으려 애써도 들어가지 않잖아요. 아무리 멋져 보여도, 또 편해 보여도 우리는 우리의 길을 걸어야 합니다. 외향적인 사람들의 길을 걸을 필요는 없는 거라고 생각해요.

스스로 자책하지 않기로 했습니다

"사람 고쳐 쓰는 거 아니다."

여기저기서 제법 자주 들리는 말입니다. 흔히 애인이 큰 잘못을 저질렀을 때 (또는 저번이랑 같은 잘못을 반복했을 때), 또는 누군가가 다른 누군가에게 상처를 받았을 때 위로 겸 충고로 자주 쓰는 말입니다. 사람 고쳐 쓰는 거 아니라는 말, 그건 조금 더 직접적으로 풀어 써보자면 '사람은 쉽게 변하지 않는다.'라는 뜻일 것입니다. 그리고 이 말은 제법 일리가 있는 격언으로 오래 생존해 왔습니다. 저 역시도 그렇게 생각하거든요. 여러 사람을 사랑하고 겪어본 바로는 근본적인 성향이 변하는 걸 본 적은 없었던 것 같습니다.

그리고 이 '사람은 쉽게 변하지 않는다.'라는 진리는 타인은 물론 자신에게도 해당되는 말입니다. 나는, 당신은, 우리는 쉽게 변하지 않을 거예요. 아무리 자신을 탓하고 채찍질을 한다고 해도요. 매일 쓸데없는 걱정을 하거나 하고 싶은 말도 못 하는 성격이 답답할 순 있겠죠. 그렇다고 해서 자책을 할 필요는 없다는 말을 지금 저는 하고 싶습니다. 자책한다고 상황이 나아진다면 얼마나 쉽고 좋을까!

하지만 어땠나요, 오히려 기분만 더 나빠지지 않던가요? 2장의 한 부분에서 악순환에 대해 다뤘듯, 이 자책이라는 것에도 나름의 악순환이 있는 것 같습니다. 자책은 자책을 불러오고, 마음은 점점 더 가라앉기만 하잖아요. 마치 신경 쓰고 의식할수록 더 생생히 아파오는 내성 발톱처럼요.

차라리 자책보단 응원이 나을 거라는 마음입니다. 당연히 '무조건 이겨내라!'는 식의 무식한 응원은 아니고요. 그런 응원도 있잖아요. 학교 가는 자식의 뒷모습을 보는 부모처럼,

그냥 가만히 바라봐 주는, 심심한 응원 말이에요.

저는 타인보다는 자신에게 이 '심심한 응원'을 보낼 생각입니다. '나는 왜 이럴까?' '왜 나는 남들처럼 하지 못할까.' 같은 자기 비하가 아닌, 나 자신을 자책하지 않고 말이죠. 활달하고 적극적이지 않더라도 나는 나니까 괜찮습니다.

애써 노력한다고
행복해지지는 않을 것 같습니다

언젠가 모임에 휩쓸려 워터파크에 간 적이 있었습니다. 번화가의 아주 시끄러운 술집에 끌려간 적도 있었어요. 응원해본 적 없는 스포츠팀을 열광적으로 응원해본 적도 있었네요. 그리고 그때 저와 함께했던 사람들 다들 이렇게 말했습니다.

"아, 나 지금 너무 행복해!"

아주 솔직히 말하자면, 저는 그렇지 않았습니다. 하나도 행복하지 않았어요. 저는 활동적인 물놀이도, 사람이 바글대는 곳도, 크게 뭔가를 외치는 것도 별로 좋아하지 않았거든요. 그냥 뭐, 주변 사람들이 행복해하는 걸 보는 것 때문에 조금 기분 좋고 말았던 것 같네요.

그 행복은 내 행복이 아니었던 건지도 모르겠어요.

저는 자주 행복이라는 건 언어(외국어) 같은 게 아닐까, 그렇게 생각하곤 합니다. 사물 하나를 가리키며 이 나라 사람과 저 나라 사람은 다른 소리를 내잖아요. 그처럼 어떤 것에 대해 누군가는 행복이라고 할 수도, 다른 누군가는 행복이 아니라 오히려 성가심이라고 부를 수도 있는 거라고요.

'다수가 말하는 정형화된 행복'을 잡기 위해 애쓰지 않았으면 좋겠어요. 나와는 다른 사람들의 틀 안에서 정의된 행복을 쫓는 일은, 어쩌면 허무한 감정을 가져올 수도 있다고 보거든요. 정말 꾸역꾸역 애써서 울기까지 하며 쟁취해낸 '행복'인데, 만족스럽긴커녕 거부감만 불러일으킨다면 그게 진정한 행복일까요?

노력이라는 낱말의 사전적 정의를 찾아보면, '목적을 이루기 위하여 몸과 마음을 다하여 애를 씀.'이라고 합니다. 어때요, 행복을 위해 노력하는 게 말이 되는 것 같나요? 행복을 위해 노력하는 순간부터 몸과 마음은 행복할 수가 없게 됩니다. 애를 쓰고 있느라고요. 아이러니하죠?

'질량 보존의 법칙'이라는 게 있습니다. 화학 반응의 전과 후에서 반응물질의 질량과 생성물질의 질량은 같다고 하는 법칙이죠. 쉽게 말하면 어떤 물질의 구성성분은 변하기만 할 뿐, 그 물질이 소멸하거나 또는 무에서 물질이 생기지 않는다는 말이에요.

비약이 심한 것 같지만 저는 이 법칙이 우리들의 만족감과도 참 닮아 있는 것 같다고 생각했습니다. 형태나 냄새만 달라질 뿐, 어떤 것을 충족시키면 다른 어떤 것은 반대로 모자라게 되는 거라고요. 그렇지 않았나요? 돈이 부족해서 열심히 일하고 돈을 벌면 물질적 행복감은 충만해졌지만, 필연적으로 다른 결핍이 생길 거예요. 예를 들면 수면 부족이나, 이유 없이 헛헛해지는 그런 것들 말입니다. 사람으로부터 사랑받기 위해 애쓰다 보면 나도 모르는 사이에 원래 나의 모습을 잃게 되기도 했습니다.

어떤 것이 채워지면 반대로 어떤 것은 비워졌습니다. 보이지 않는 것을 잡으려 하기보단 지금 가진 것으로부터 행복을 느껴보는 건 어떨까요? 조금은 뻔한 소리 같겠지만요.

전 행복하기 위해 애써 노력하지 않으려고 합니다. 마찬가지로 애써서 저를 변화하려고 노력하지도 않을 생각입니다. 그렇게 노력해서 얻는 것이 있다면, 반대로 잃는 게 있을 테니까요. 저를 굳이 바꾸려는 노력을 통해 제가 가지고 있는 신중함과 배려심을 잃고 싶지는 않습니다. 수많은 사람들과의 관계를 위해서 지금 제 사람들을 잃고 싶지도 않습니다. 애쓰지는 않지만 필요하다면 노력을 할 예정이에요. 제가 할 수 있는 만큼을 말이죠.

도망치는 건
부끄럽지만 도움이 됩니다

그러지 좀 말라는 충고들을 수도 없이 들어왔지만, 저는 여전히 도망 예찬론자입니다. 나를 괴롭히는 여러 가지 것으로부터 도망을 쳐서 안 좋았던 것보단 좋았던 때가 훨씬 많았거든요.

일단 몸이 편해집니다. 어떤 수를 써서든 별로 내키지 않는 모임에 가지 않으면 일단은 그만큼 시간이 생깁니다. 그러면 우리는 그렇게 얻어낸 소중한 시간을 몸이 원하는 대로 쉬거나 노는 데에 쓸 수 있게 됩니다. 사람들에겐 조금 미안했지만, 그 기분이 또 얼마나 짜릿하던지요.

다음으로는 마음이 편해집니다. 보고 싶지 않은 것을 보는 일, 듣고 싶지 않은 것을 듣는 일만큼 스트레스가 되는 것도 없는 것 같아요. 그런 상황들로부터 자유로워지는 것, 내 마음의 안녕을 위해 꼭 필요한 과정이라고 생각해요.

물론 이 '도망'이라는 말이 부정적으로 들릴지도 모르겠지만 제가 말하는 도망은 내 삶의 빈틈이라고 말하고 싶네요. 두려움에, 혹은 부담감에 일이나 불편한 관계로부터 도망친 후에 몇 걸음 떨어져서 돌아보면 어쩔 도리 없이 나를 힘들게만 했던 모든 것들이 다시 보일 겁니다.

자신의 힘으로는 극복할 수도, 해결할 수도 없을 것 같았던 괴로운 일상에 의외에 빈틈을 말이죠. 도망친다는 건 그런 '빈틈'을 발견할 수 있는 좋은 방법이라고 생각합니다.

앞에서 말씀드렸던 것처럼 저는 '도망치는 사람'입니다. 일도, 인간관계도 결국 팽팽하게 당겨지면 끊어질 수밖에 없죠. 특히 저처럼 내성적인 사람들이라면 그 긴장감과 부담감을 이겨내지 못하고 더 망가질 수밖에 없을 거예요. 그래서 저는 팽팽하게 당겨진 일상을 조금 느슨하게 해주기 위해서, 그 부담감을 줄이기 위해 도망이라는 방법을 선택하는 거죠.

제가 주저리주저리, 길게 말을 늘어놓고 있지만, 사실 '쉼'에 대해서 여러분께 말하고 싶었던 것 같아요. 영원히 쉬지 않고 달릴 수 있는 차는 없듯, 사람에게도 아무런 움직임 없이 쉬는 시간이 필요합니다. 타인이 우글거리는 도로에서 열심히 달려온 몸과 마음이 쉴 수 있도록, 나만의 편안한 차고로 도망쳐 오는 건 어떨까요? 저는 꼭 필요하다고 보는데.

또 저는 글을 쓸 때도 그랬거든요. 막히는 부분이 있으면 일단 도망치듯 노트북을 덮었습니다. 그렇게 며칠쯤 글을 덮어뒀다가 다시 읽어보면, 전에 보이지 않던 문제점이 더 잘 보이게 됐습니다. 나아가 더 좋은 문장들이 떠오르기도 했고요. 쉼은 필수에요, 더 나은 삶을 위해서요.

도망치는 건 부끄럽지만 도움이 됩니다. 팽팽히 당겨진 빡빡한 일상을 조금은 느슨히 풀어주기 위해서 말이예요.

도망치는 삶에 대해

저는 예전부터 도망쳐왔고, 여전히 도망치고 있고, 앞으로도 도망칠 겁니다. 너무 선전포고 같나요? 하지만 여러 가지 것으로부터 도망침으로써 행복했고, 참 여러모로 좋은 방법이라고 생각하고 있는걸요. 이제는 압니다. 이게 내 방식이라는 걸, 우리 같은 사람들의 방식이라는 것을요.

사자처럼 용맹하게 맞서 싸우는 것보단, 물처럼 유연하게 휙 돌아가기도 하고, 어딘가로 녹아드는 것도 나쁘지 않다고 생각합니다. 물론, 시도 때도 없이 숨거나 멀어지는 우리의 이런 성향을 답답해하는 사람도 있다는 걸 알고 있습니다. 그런 사람들은 답답한 나머지 도망 좀 치지 말라고 우리를 꾸짖기도 하죠. 하지만 주눅들 필요는 전혀 없어요. 오히려 말해 봐요. '이게 나야. 난 쉽게 변하지 않을 것 같아. 그리고 변하고 싶지도 않고.'라고요. 그 사람이 당신을 정말 소중히 여기고 있다면, 그런 당신을 사랑한다면, 분명 이해해 줄 거예요.

오늘 새벽에는 늦도록 원고를 쓰다가 문득 마음이 답답해졌어요. 그래서 작업실과 가까운 망원 한강 공원에 산책을 다녀왔죠. 한결 괜찮아진 마음으로 주택가와 아파트 단지를 끼고 걷는데 문득 점 하나가 제 시선을 끌더라고요. 온통 깜깜한 아파트 건물의 한가운데 환하게 밝혀진 창문 하나가 있었어요. 새벽 네 시 삼 분의 아파트가 어찌나 그렇게 위로가 되던지. 마치 '이 새벽에 깨어 있는 사람은 너뿐만이 아니야. 그러니까 너무 외로워하지 않았으면 좋겠어.'라고 말하는 것만 같았달까요.

마지막으로 하나 알아주셨으면 하는 게 있어요. 세상에는 활달하고 외향적인 사람들만큼 시도 때도 없이 사람으로부터, 상황으로부터 도망치고 있는 사람도 은근히 많다고 말하고 싶었어요. 그러니 너무 외로워하거나 힘들어하지 말라고요. 각자의 자리에서 무사히 있어 보자고요.

새벽 네 시 삼 분의 불 켜진 창문처럼, 제가 조용히 응원하고 있겠습니다.

우리는 개복치로 태어났으니까요

개복치는 아주 예민하고 잘 죽습니다. 고등어는 성질이 급해서 잡아 올리고 얼마 지나지 않아 죽는다는 말을 들은 것 같은데, 개복치는 아마 그보다도 더 예민한 어종일 겁니다.

그야말로 유리 멘탈. 작은 상처, 수질 변화와 빛에도 민감합니다. 수족관 밖에서 카메라 플래시를 터뜨리면 놀란 나머지 먹이를 먹지 않아 죽어버리기도 한다네요. 사람이 쳐다보면 숨기 일쑤에, 스트레스를 받으면 직진만 하다가 어딘가에 부딪혀 죽는 일도 있다고. 이렇게 유약할 수가 없습니다. 오죽하면 개복치가 더 오래 생존할 수 있게끔 애쓰는 게임까지

유행했을까요.

정신과 육체 사이의 관계를 연구한 이론이 여럿 있습니다. 상호작용론과 평행론, 부수 현상론 등등, 어렵기도 어렵죠? 저는 그중에서도 상호작용론에 관해 이야기해보고 싶어요. 정신적 사건과 육체적 사건이 서로에게 인과적으로 영향을 주고받는다는 이론인데요. 가령 공복이 지속되면 정신적 고통을 느끼고, 정신적으로 두려움을 느끼면 심장이 더 빨리 뛰게 되는 것처럼요. 물론 서양 근세 철학의 관점에서는 이 이론이 '공간을 차지하고 있지 않은 정신이 어떻게 공간을 차지하고 있는 육체에 영향을 미칠 수 있느냐?' 하는 문제에 당면한다고 합니다. 그러나 저는 상호작용론을 믿을 수밖에 없는 사람입니다.

너무 짜증이 나거나 우울하면 내 몸은 마음을 따라 아파지곤 했습니다. 많이 움직이고 고생하지 않더라도 몸살이 들거나 어깨와 뒷목이 딱딱하게 굳었습니다. 그 모습을 몇 번이나 본 아는 동생은 '형은 마음이 안 좋으면 그게 몸에 바로바로 나타나는 것 같아요.'라는 말을 제게 건넸습니다. 반대의 경우도 그래요. 평소보다도 많이, 건강하게 먹고 마음껏 잠을 잔 다음 날이면 하루가 행복했습니다. 별일이 없어도 실실 웃었고, 평소였으면 화냈을 일도 좋게좋게 넘길 수 있었죠.

내가 만약 바다생물이었다면 개복치가 아니었을까, 그런 생각을 해봤습니다. 덩치만 크지 감정 기복도 심하고 그에 따라 신체 컨디션도 오락가락하는. 저의 이런 체질을 아는 데에는 꽤 오랜 시간이 필요했습니다. 그리고 나는 이제야 가까스로 영리하게 컨디션을 조절하려 이리저리 움직여봅니다. 슬퍼질 것 같을 땐 살기 위해 그를 무시하고, 행복하고 싶은 날이면 잠을 푹 자거나 밥을 꼭꼭 챙겨 먹는 식이에요.

어디엔가 나와 비슷한 사람이 있다면, 몸과 마음의 밸런스를 잘 맞춰가며 살아가라고 말해주고 싶습니다. 마음의 행복을 얻고 싶다면, 가끔은 몸부터 잘 챙겨보는 게 어떻겠냐고. 맛있는 것도 좀 욕심 내가며 먹고요.

난 여전히 도망치는 중

초판 인쇄 | 2019년 11월 10일
초판 발행 | 2019년 11월 11일

지은이 | 오휘명
펴낸이 | 조광환
펴낸곳 | 프로작북스
ISBN 979-11-90416-00-9 13180

주소 | 인천시 부평구 장제로 163 카리스뷰 2차 1201호
전화 | 010)2090-8109
팩스 | 02)6442-4524
이메일 | luffy1220@naver.com
등록 | 제 2019-000008호 (2017년 6월 21일)